# 長照服務各國設計創新

——合作、創新、體驗

周傳久——著

Innovative Designs for Long-term Care Services in Multiple Countries: Cooperation Innovation Participation

國家圖書館出版品預行編目（CIP）資料

長照服務各國設計創新：合作、創新、體驗 / 周傳久著. -- 初版. -- 高雄市：巨流圖書股份有限公司, 2023.04
面； 公分
ISBN 978-957-732-688-1（平裝）

1. CST: 老人養護 2.CST: 長期照護 3.CST: 人力資源管理

544.85 112000102

# 長照服務各國設計創新
## ——合作、創新、體驗

著　　者　周傳久
責任編輯　林瑜璇
封面插畫　周德苓
封面設計　莫浮設計

發 行 人　楊曉華
總 編 輯　蔡國彬

出　　版　巨流圖書股份有限公司
802019 高雄市苓雅區五福一路 57 號 2 樓之 2
電話：07-2265267
傳真：07-2264697
e-mail: chuliu@liwen.com.tw
網址：http://www.liwen.com.tw

編 輯 部　100003 臺北市中正區重慶南路一段 57 號 10 樓之 12
電話：02-29222396
傳真：02-29220464

郵撥帳號　01002323 巨流圖書股份有限公司
購書專線　07-2265267 轉 236

法律顧問　林廷隆律師
電話：02-29658212

出版登記證　局版台業字第 1045 號

巨流

ISBN 978-957-732-688-1（平裝）
初版一刷・2023 年 4 月

定價：580 元

尹佩芳
・天主教靈醫會醫療財團法人羅東聖母醫院長照部主任

## 設計是從使用者的感受思考

感謝也很開心有此榮幸能為自己的偶像寫序！也因此有機會先拜讀了周傳久老師的新作。習慣於床頭邊放幾本書，在睡前翻了一章節或十來頁後好入睡。唯有看到周老師的著作時，是點頭如搗蒜，越看越起勁，不輸夜戰追劇之勢，欲罷不能。喜歡周老師直白犀利敘事風格，從分享各國所學所見的長照創新思維中，來觀察和反思我國對目前高齡照顧實際發生的情境、照顧者與被服務者的互動、溝通上的期待，及當政策與服務有所距離時，如何啟動思維框架，從他國的經驗去看到「服務」的價值及精神所在，進而以在地優勢去解開困頓的枷鎖，思考如何給予照顧者及被服務者能接受且真正需要的照顧型態。

記得三年多前閱讀周老師的《高齡友善新視界：觀察臺灣與他國的高齡者照顧》一書時，

自己正於老人住宅服務，裡面部分描述的故事，正是當下常有真實會發生的情境劇，如：「住民當著照服員及廚師的面大罵餐食難吃到連豬都嫌的時候」、「照服員和主管反應住民已經退化，不適合繼續住在老宅時」、「辦理再多的活動住民都興趣缺缺時」該如何做處置與改善。邊讀邊想：怎麼老師不早點出版讓當時苦惱的自己能有所因應之道及參佐。

這次有幸先拜讀到老師新書——《長照服務各國設計創新——合作、創新、體驗》，以三個主題：「利他貢獻　延緩失能」、「設計思考　服務創新」、「飲食起居　友善顧念」，四十五則、近三百多頁的歐洲各國長照創新分享，細細咀嚼著書中生動的文字與圖片，不論芬蘭的「祖母俱樂部」，北歐教會的「二手商店」，奧地利發展出的利他互助義賣、失智照顧住宅，挪威共餐社交創業及身心障礙職訓等，各篇章、各國令人驚豔、讓人動容的服務創新，從空間動線安排、鄰舍服務的研發、生產創意多樣性等，最核心的價值即是如何使被照顧者保有自主、尊嚴、價值，看到自己的獨特與存在感。照顧者如何建立服務價值觀念、尋得工具與方法、面對問題有觀察、內省及因應能力。

其中於書中挺有感的一段話「如何本於專業支持弱者，讓弱者潛力發揮，推進照顧品質，有效運用資源」。這讓自己想到社會工作者所提到的**「優勢觀點」**，如何看到個人有能力去學習、成長、和改變；焦點在於個人的優點而不是病理；被服務者是助人關係中的指導者；與被服務者建立關係被視為基本且必要的；外展是較佳的處遇方法（落實被服務者自決與運用社區資源重要處遇方法）；社區是資源的綠洲（案主有權利運用周邊資源），幾乎是相同的理念。回到這本書中提及到在服務創新、設計思考的實踐原則：重視參與的潛力、耐心傾聽與對話、正面思考及善用經驗。從使用者的感受去思考、從失智者的視角去看照顧的方法，讓彼此在這互助過程有尊嚴及價值。

之所以說老師是自己在長照服務領域中的偶像（學習標竿），是老師樂於分享所見所學不藏私，親身體驗並持續於長照議題學習的精神，更令人欽佩的是將我們提出的問題認真對待，並會適時適宜的給予他所經驗的技能、方法去協助或回饋。會讓自己覺得在這長照服務的路上有人「傾聽」、「同理」並「陪伴互助」，在這樣的過程中沒有議論對錯是非，而是「共同創造價值」。

每每閱讀周老師的作品，猶如吃了顆長照服務大B群，總是能切中實務上長照團隊在服務過程遇到的關卡和困難，然後透過各國長照創新服務或思維來讓讀者補給所缺的營養素，得以充沛能量，繼續在這條長照服務之路，勇往直前！大大推薦給大家！

## 李玉春

・國立陽明大學跨專業長期照顧與管理碩士學位學程兼任教授
・前衛生福利部政務次長、長期照顧保險規劃總顧問

認識傳久老師，始於觀看公視特派員長照系列報導；後來因協助衛生署（現在的衛生福利部）推動《長期照顧服務法》、規劃長照保險制度，與他有更多的接觸與學習。傳久老師跨媒體與成人教育，多年來默默地耕耘，可說是臺灣媒體對各國（特別是北歐）長照制度、長照服務與人力培訓專題報導的先驅者。最佩服他的是：為瞭解照顧現場，親自到北歐接受照顧服務員的訓練，並親力親為居家訪視與照顧個案，甚至與個案分享一段大提琴演奏；這讓他的報導更有溫度的反映被照顧者的心聲、照顧服務員專業訓練的必要性——尤其是人文素養與溝通能力，以及提供服務的辛勞。這股傻勁可比唐吉軻德，但在臺灣長照界卻得到很多的迴響。

筆者二〇二〇年在陽明交通大學創立校級的**跨專業長照與管理碩士學位學程**，目標在培養政府高齡長照政策制定者與管理者（含照專、督導）與高齡長照機構高階領導與經營管理人才（含督導、復能專業、個管師）而不是培養照顧服務員。但除實現跨專業的學習外，我

們特別強調專業實務導向（取代學術導向的碩士學位）的學習，修課內容除「政策、法規與管理」、「長照、醫療與健康促進專業服務與整合」以及「智能科技資訊與輔具」等外，學生一定要完成照顧服務員訓練課程以及必修社會人文課程，一部分也是受傳久老師的啟發。

這些年傳久老師進一步將這些素材撰寫成書，發揮更大的影響力。在本書中，他以設計創新的思維（design thinking），介紹歐洲國家是如何由**使用者需求角度出發**，設計或發展高齡長照相關的服務或產品。以失智友善社區而言，他介紹荷蘭的圖書館如何成為「失智友善社區」的一環，使民眾不害怕因去長照諮詢單位，被標籤化；而可很自在地在圖書館**健腦專區**，獲取照顧（含自我照顧）資訊與諮詢。社區各單位也可由圖書館借用健腦相關資源或工具，避免重複購買造成浪費；這種充分結合運用社區既有資源，發展長照與支持相關服務的做法，很值得在臺灣推廣，否則若每類服務獨立發展常事倍功半。書中還有很多長照設計思維的創新案例，對有興趣發展高齡長照相關服務與產品者，閱讀後一定會激盪出更多的創意與創新，請大家一睹為快。

臺灣也有很成功的設計思維創新案例。例如新北市鶯歌陶瓷博物館與衛生局合作發展的**「復能小旅行」**，藉由設計創新的五步驟：包括同理心（empathize）、定義問題（define）、構建解方(ideate)、發展創意原型(prototype),再經過測試修正(test),終於可結合藝術、居家照顧單位、復能治療師、交通接送單位等,讓行動不便者也能很容易的參與社會,過有意義的生活。此經驗正可與傳久老師這本書中更多的設計思維的創新案例互相呼應。

很榮幸有機會先拜讀這本書。最重要的學習是:每個國家、縣市、社區、城鄉、族群、年齡層、障礙別甚至個別家庭的受照顧者與照顧者,所需的服務模式未竟相同,若要讓所有人穿同一套衣服,很容易發生即使有錢或有政府補助,也未必買得到適用的長照服務的困境。由傳久老師北歐(歐洲)案例的分析,以及筆者個人過往北歐參訪與研習的經驗,可學習到北歐文化最重要的精神,包括同理心(由使用者角度出發)、在地化、平等、互助、自主、開放、融合、永續、由下而上的精神。秉持這樣的精神,融合設計創新的思維,我們必然可發展出具臺灣特色、因地制宜、有溫度、適合不同族群、支持使用者更自主、尊嚴、生活得更有意義的服務或產品。此外,政府對服務模式規範若太緊或太多,容易阻礙創新設計;因此建議政府除在資源配置、照顧安全、品質與結果做必要的規範外,鬆綁相關法規,減少制度框架限制,讓提供者有更大的空間能藉設計思維、因地制宜發展創新服務模式,正是現階段長照界最期盼的。

李藹慈

・國立中正大學教育學院副院長、成人及繼續教育學系教授兼系主任

## 用有溫度的同理、設計的思維打造有品質的照顧服務

二〇二一年九月行政院所公佈「高齡社會白皮書」中，出現了一個詞彙：極高齡（ultra-aged）國家，亦即國發會預估，二〇三六年高齡人口將占總人口數28%，進入極高齡國家。白皮書中也指出，聯合國出版的全球高齡人口報告中，從二〇一九年至二〇五〇年間，全球高齡人口比率成長最快的國家與地區，臺灣名列全球第三，僅次於南韓與新加坡。

在這個人類史上最長壽的年代，長壽帶來的可能是生命延續的美好，但更多的可能是因老化的現象，在身心靈上要面臨諸多挑戰，我們沒有前例可循，知道什麼才是最佳的因應策略，政府各部會也都絞盡腦汁的提出增進高齡者健康與自主或者提升長照的品質與量能的方案。而高齡者是一個高度異質的群體，可能因為性別、年齡層、教育程度、職業、家庭結構、身心狀況、資源條件及居住地區等差異，在老化過程中，會產生不同的問題、

衍生不同的需求，因此，如何讓老後生活，仍能保有尊嚴與價值，需要我們對「老人」多一點認識、對提供的服務多一點想像、多一點創新的構想。

我們可以試想，老後想要怎麼樣的生活？當我們變老後，會想要住進機構度過老後生活嗎？若老化的程度使得家人無法照顧我們、或沒有家人在身旁，必須住進機構時，我們會希望是一個什麼樣的機構或者什麼樣的照顧模式？

我們常說，要讓高齡者都能得到有尊嚴的對待、老後仍有生活品質，並找到生活的意義感，但具體而言，究竟應該怎麼做才能展現這樣的圖像？這本書透過提供歐洲國家的照顧服務創新設計，尤其是北歐，讓我們真正看見以高齡者為中心的服務設計，開啟我們對於未來若是要住進機構，可以期待的有人味的幸福機構，不管是空間設施、基本的日常生活，包括用餐、服藥、洗澡、刷牙、口腔保健、足部保養，乃至如何安排活動參與，都能看見歐洲國家如何回應被照顧者的需要。尤其其中一篇，提到比利時的失智幸福感開發法，失智症者雖然不容易清楚表達個人的意思，但透過六個面向的幸福感指標觀察長者的表現，照顧者便能夠更精準的掌握每位長者的偏好與尚存的能力，形成良好的照顧關係與個別化的照顧服務，而不是用標準化的、統一的、無差別的照顧模式。

書中除了針對機構式的照顧提出不同的創新服務設計案例，也展現歐洲國家如何擅用現有空間，打造一個高齡友善的環境與氛圍，如荷蘭的失智友善圖書館、芬蘭版的慈悲關懷社區、照顧咖啡、北歐教會的二手商店、挪威社交共餐等。

除此之外，作者在書中也提醒我們，不管是A個管或是照服員，從事照顧服務工作，要能從對方的角度看世界及需求，因此，從事照顧服務工作者，要先認識與認同照顧服務工作，才能設計出有溫度的服務，歐洲國家能夠設計出這些創意服務，主要是來自基督教文化多年養成的價值思維和服務背後展現的人觀，這值得我們進一步去反思，照服員應具備的素養以及我們現有的照服員培訓制度是否能夠真的培育出一個溫度、有創意的照顧專業工作者。

本書是國內第一，也是唯一一本針對歐洲國家在長照服務上的創新案例介紹，作者長期以來，一直關注高齡的議題，除了公出的機會，也常自費前往歐洲各國及高齡照顧單位學習與考察，為了更貼近對於長照服務的理解，也親身參與照管專員、照服員培訓，而也就是因為自己曾接受照服員的培訓，更能瞭解長照服務的現場，看出目前臺灣在長照服務上的不足之處，再透過他山之石，提供我們未來可以精進與優化的第一手的創新設計。

除此之外，作者多年來從事媒體工作，能用一雙敏銳的眼睛進行採訪，每個案例不僅有詳實、清晰的介紹，也在作者與採訪人物的對話、移動當中，活躍地呈現案例背後重要的理念與價值；博士攻讀成人教育，現也從事成人教育工作，因此，重視以人為核心的價值，透過國外案例來轉化讀者們固有思維，展現對臺灣長照服務的期許。

這本書不僅適合實務工作者如機構管理者、照服員、照顧者、或未來想成為照顧專業工作者閱讀；對於高齡或照顧服務相關科系的教師，也是用在教學課堂上的絕佳優質教材。

**吳至行**

‧國立成功大學醫學院老年學研究所教授

‧國立成功大學醫學院附設醫院家庭醫學部主任

## 珍愛寶島的長照苦行者，只為了臺灣未來的美好

請問臺灣的長照，您瞭解嗎？您心中的理想藍圖是什麼？

看完這本書，不僅可以勾勒對美好長照的想像，更會讚嘆正是心中想要的長照！

本書作者傅久兄的專業角色似乎非常難以界定，媒體人、學者、教師、學員、文字工作者、傳道者、狂熱分子、理想主義者、乃至異類，但看完本書後，至少可以確信傅久兄正在扮演臺灣的「長照苦行者」，默默走向美好！

所謂他山之石可以攻錯，傅久兄不僅用雙腳走遍臺灣長照的大小角落，更遠赴歐洲各國取經，引領讀者一窺先進國家執行長照的不同面貌。書中列舉歐洲許多國家的實踐範例，讓人咀嚼再三不覺莞爾，舉凡失智圖書館、祖母俱樂部、好撒馬利亞人、尊重機構廚師、與悲傷人同在的素養、以色列墊木等等；也有不少臺灣的情境衝擊，令人汗顏，甚而提出國內外值得改進的實例讓你我共同省思。傅久兄以翻轉照顧思維出發，將其整理成三個不同的視野觀察長照的各種可能發展：利他貢獻　延緩失能、設計思考　服務創新、起居飲食　友善顧念。書中念茲在茲，處處充滿對於美好長照的呼喚，原來長照可以如此人性，原來長照離我們如此近，原來長照是生活的點滴，原來長照一直都在心中，原來長照是從當下開始，原來長照是有可能更好，原來長照想像沒有極致……

其實您與我正是書中的主角，共同掌握了臺灣的未來！雖然入寶山怎可空手而回？然而，此時「空手」卻是作者的企盼！因為臺灣的傳統人味習俗以及現代醫療制度本來就是一座長照寶山，我們只是沒有正確挖掘與妥善使用。唯有緩緩將手中的堅持放開，才能擁抱更美好的長照。透過此書，共同親身實踐體驗，相互合作進而創新臺灣的長照共好！

吳昭軍

‧衛生福利部國民健康署署長

作者遠赴歐洲各國參訪社區中高齡及失智友善資源，從失智者可以參與的創新活動、照顧者咖啡館的營造、適合長者吞嚥的軟食技術，乃至長者生活起居的設計等，在在讓人印象深刻。北歐國家完善且貼心的照護模式，不是用金錢換得，而是他們重視人與人之間接觸的細節，讓長者有盼望、有關懷且有互動地生活著，並實踐了「以人為本」的價值——這也是國民健康署長期推動的高齡與失智友善的初衷，期望提升社會大眾友善的識能，願意自發性地由下而上給予協助，使得長者在社區中能獲得安全感、歸屬感以及幸福感。

透過本書詳細介紹歐洲各國的服務措施，可以做為將來臺灣高齡與失智友善政策的依據參考，期盼長者們都能有尊嚴、自主與平等地幸福終老，讓臺灣成為充滿溫暖的高齡失智友善社會。

## 卓春英


．輔英科技大學董事長
．台灣社會福利總盟理事長
．行政院長照小組委員
．長榮大學退休副教授
．高雄縣副縣長與社會科長任內多次排除制度障礙帶動全國社福改革


臺灣即將邁入超高齡社會，政府也制定高齡政策白皮書，積極推出長照 2.0 計畫，但如何讓長照服務更符合長者及家屬的需要，瞭解及學習各先進國家在長照服務的經驗和創新做法，將不可或缺。

本書作者周傳久為高雄師範大學成人教育所博士、中山大學行銷傳播管理研究所碩士，擔任臺視、中視、公共電視臺等文字記者、製作人等職務，報導國外老人照顧獲曾虛白新聞獎、黃達夫醫療報導獎、輔大思恒獎，以及八度入圍卓越新聞獎，並擔任各大專院

校學程講師。

由於關注高齡化社會長照需求，傳久並投入照管專員與照服員學習，以及從事長期照顧教育訓練，任職公視期間爭取公出或以自費方式，多次深入歐洲各國，觀摩及學習長照政策、服務模式，為公共電視新聞節目《獨立特派員》拍攝多輯各國高齡政策及電視老人節目，也著作多本高齡長照書籍，包括：《長照服務各國人才培育——文化、知識、學習》、《迎接超高齡：熟齡人生幸福提案》、《高齡友善新視界：觀察臺灣與他國的高齡者照顧》、《北歐銀色新動力：重拾個人價值的高齡者照顧》等。

二〇二三年作者又有新書創作——《長照服務各國設計創新——合作、創新、體驗》，

本書共分三個部分：

1 **利他貢獻　延緩失能**：作者深入北歐，實際瞭解各國的作法，包括：荷蘭的圖書館失智友善創新；芬蘭的慈悲關懷社區、鄉村延緩失能；北歐教會二手商店、挪威的社區二手商店、身心障礙職訓的個別增能；奧地利手工義賣、失智聯合聚會、幼童激勵失智者運動；比利時的活動新思維、加強推廣水中運動等，令人印象深刻。

**2 設計思考　服務創新**：作者介紹了比利時的失智幸福感開發法、有人味的瑞士機構簡介、芬蘭機構活動方式與意涵、挪威的失智同理照顧、荷蘭在疫情期間怎樣改善機構長者的孤立等。並同時對臺灣的長期照顧服務提出檢討與建議，從制式化照顧省思倫理，如何維護被照顧者的尊嚴，照顧者需要培育覺察、質疑與對話的素養。也特別介紹挪威攝影記者投入長照，所製作的失智電視節目，以及芬蘭公視服務設計手冊，跨界他山之石對長照的激勵省思。

**3 飲食起居　友善顧念**：作者介紹了比利時對失智者的物治觀點、挪威在地老化顧念營養、丹麥的足部保健、奧地利青銀社會住宅及失智照顧住宅、芬蘭在地老化支持型照顧住宅、低價務實長照創新的以色列「墊木」等做法。建議對長者的飲食起居，要注重營養，正視口腔照顧及推廣吞嚥，以強化長照素養，同時分享老人的足部保健及住宅的重要性。在友善顧念上的做法，應徵詢及瞭解老人最需要什麼，讓長者參與照顧決策，服務者應學習專注聽老人說話，要具備與悲傷人同在的素養。

很榮幸能先睹為快閱讀本書，並為本書作序，北歐各國在延緩失能及長照服務上各項的創新服務、跨界合作的經驗，相信可為臺灣長照實務界及政策規劃者帶來不同的視野，但是，除了觀摩學習他山之石的方式做法外，更重要的是要瞭解照顧背後的價值和意涵，如同作者所強調的老人照顧、長照服務，需要從「人」的角度出發，而不只是從「制度」來規劃。

作者具備媒體記者的敏感度，亦有宗教家的人文關懷，看事情常有深度的思考和省思，猶記得去年他特別訪問筆者：「何以三十年前您在原高雄縣服務時所規劃的老人公寓，至今仍然與當前的照顧理念不脫節」？（機構在余陳月瑛縣長任內，受到星雲大師和吳伯雄部長支持規劃興建，於民國八十四年七月起，委託「財團法人佛光山慈悲基金會」經營管理，為全國第一座長青公寓，提供集合式住宅予年滿六十歲以上國民。佛光山慈悲基金會建置服務模式後，即功成身退，一百年起由高雄市政府委託萃文書院社會福利慈善事業基金會繼續經營）。當時筆者的答覆是：其實，就是「以人為本」，以被照顧長者的需求為中心，去思考制度設計及服務措施的規劃意涵，讓所有服務者都有此共識。

認同作者在書中強調的「國家強大不在於大砲武器，而是看如何對待弱者」，盼以此與長照界共勉。

## 林錦宏

・高雄醫學大學心理系副教授兼系主任

「日本社會五十年後會是什麼樣貌」？……這是一部二戰電影主角的一句臺詞。然而，面對高齡化、少子化和科技快速演進等問題——「臺灣社會五十年後會是什麼樣貌」？三年多前，當時筆者因為正要加入院內執行教育部的「前瞻科技人才培育計畫」，心中亦開始思索著這些問題，難道沒有國家已經經歷過這些問題嗎？他們的社會現在是什麼樣貌？而在查找資料的過程中，發現用「高齡化、少子化、幸福感……」這些關鍵詞搜尋，而北歐五國的資訊便逐漸堆疊浮現出來，不管是影視系統的系列報導或是新近討論相關議題的文章與書籍，有許多資料都交集指向北歐五國的經驗。而筆者也慢慢隱約看到一個常出現的報導者和作者的名字——也就是本書作者「周傳久」。

哇！原來已經有人為臺灣五十年後的樣貌努力耕耘這麼久，尤其是長照的部分，幸運的是周老師剛好這幾年也為我們「高醫大」的學生開設「探索北歐文化」的通識課程。筆者一直在研究探討生物「短視 vs. 遠見」決策的行為，因此讓筆者好奇周老師是什樣子的人？可以有這樣的「遠見」，可以持續探討一個議題這麼多年！而北歐五國是在什麼樣的條件之下，可以孕育出這樣「共善、共好、高幸福感」的國度（註：二〇一二年開始迄今的世界幸福感報告（World Happiness Report, WHR），北歐五國幾乎都在前十名內）。

在某次課後，特別去教室邀請周老師來給我們計畫一些指導。經過幾次對談與閱讀周老師的系列著作和報導後，更加佩服其長期對於臺灣長照的顧念與付出。在筆者腦海中逐漸浮現一個意象，就是周老師有點像早期「傳教士」一樣，長年將心力奉獻給偏鄉和弱勢的人們，將現代的醫療、教育和對生命不同看法帶給不同文化的族群。而有一次筆者詢問周老師關於「丹麥」這種「Hygge」的文化到底是如何形成的，周老師花了一些時間為筆者闡述北歐原來共享式的維京文化加上七百多年前基督教傳入之後逐漸形成的「人觀」概念（註：筆者的理解——人人生而平等，而旁人的痛苦是與你有關的，當一個社會大部分的人都能關顧他人的真實感受時，這個社會應是會朝著信任、共善、共好的方向發展的）。如上述，這種具有遠見的概念雖不難瞭解，但卻不容易在一個社會裡被逐漸發展與實踐。但在此基礎上，北歐五國、荷蘭、奧地利等國家的確讓人看到為了解決「高齡化、少子化」等時代問題，如何以創新且具遠見的思維，讓高齡者真正能延緩失能、有尊嚴、有品質且可繼續追求幸福的生活與終老。

在周老師過去一系列長照相關的報導和書籍中，不難看出周老師不只是將其他國家重要的長照觀念引入臺灣，更重要的是進行比較、找出臺灣可能面對的問題、符合在地的需求、提出具有遠見可行的解方。而在認識周老師之後，幾乎沒有聽過周老師抱怨臺灣社會資源的不足，反而常常聽到他不疾不徐地分享他在國內外觀察到許多慈悲而有智慧的人們，站在「人觀遠見」的理念上，為服務的「對象」做了那些創意設計，而本書更是周老師集結描繪各國長照服務「設計創新」的實際案例，各個案例都可以看到為了提供「真心誠意為人著想」的長照服務，照顧者求真求善，用心創新，而此過程已然是一幅美好的畫面。

筆者個人感悟本書要傳達的一個核心概念是「……先進國家對照顧的定義是人人有責任自我照顧……」，當人們開始不把健康和幸福的責任和可能往外推時，信任與共善的循環便會逐步啟動，往共好幸福的社會邁進。全書共分為三個單元：一、利他貢獻　延緩失能；二、設計思考　服務創新；三、飲食起居　友善顧念。每個單元內的各章節皆是周老師過去蒐集整理國內外各種長照場境遇到的實際議題與創新解方。借鏡這些實例，關顧各國長照系統與照顧者如何在「人觀遠見」的基礎上，善用服務科學和創意設計改善各種環境條件，讓照顧者與被照顧者皆可在過程中，獲得身心安頓和身為一個「人」應有的舒適、尊嚴與對人生的掌控感和意義。

書中描述許多融合設計思考的創新實例、議題或創新解方，個個精彩，讓人驚豔且富啟發性。從荷蘭圖書館對失智者的友善創新措施、芬蘭的祖母俱樂部所創造出各種的可能性等等創舉，或是臺灣照管專員把自己變成「上帝第二」等奇特現象和議題，再到以色列的床底墊木等問題解決的創意。每個章節所描述的創新軟硬體措施、策略或制度的改善，常讓人驚訝——「為什麼臺灣不這麼做」？而某些章節點出的長照議題也都值得深思且耐人尋味。本書主要強調很多具有「人觀遠見」的人們，利用「設計思考」激盪出許多智慧火花，並回應到長照系統上，真正做到以「生命影響生命」的美麗境界。閱讀本書獲益匪淺，且由衷佩服這些牧者、智者、先行者，將生命奉獻在讓其他生命幸福的過程中！但相形之下，亦不難發現臺灣長照仍有許多努力與投入創意發想的空間。整本書可以系統地閱讀，亦可化整為零來解析與討論，每個章節圖文並茂，讀者似乎可感受到周老師誠摯中肯旁白報導的臨場感，本書盡力以客觀務實方式來描繪這些長照的議題與創新巧思，讀來常有驚喜！書中的文字與描繪亦可深深感受到周老師作鹽作光的態度和實踐過程。希望讀者在閱讀此書時，亦能夠領受到這一份恩典滿溢、福慧增長的心境。

## 林麗雪

‧台灣教會醫療院所協會祕書長

周老師寫書像在講話，說故事似的，引導讀者進入照顧現場。

周老師像長照宣教士一樣，持續不斷報導各國長照服務模式。有荷蘭、比利時、德國、瑞士、奧地利、丹麥。特別是挪威、瑞典、芬蘭，北歐的實務。

周老師對目前臺灣長照工作的內容也是觀察入微。總是以簡單的學理，利他的價值觀，提醒長照伙伴們，什麼是對的照顧。

周老師是位教育家。有教學熱忱，有教學方法。而「書」，是他送給這個時代的禮物。

柯宏勳
．台灣在宅醫療學會理事
．延希職能治療所所長

## 勇於批判、提供長照未來省思的實務參考書！

對傳久兄的第一印象，應該就是公視節目的記者角色吧！個人於民國九十三年離開醫院全職投入長照，那個前無來者、也不受重視的時代（至少我們專業是、到現在似乎也是）大家都在摸索，很多官員與前輩到各國取經，對我們這種沒能力也不會被派到各國參訪的人來說，忘了何時開始，公視這個常常採訪國外長照的節目，成了陪伴筆者的好朋友。尤其對於我們這種國外來的新興專業，在處於教科書理論與實務的差異衝突中，也給了筆者很多不同的刺激與省思。

之後這些年因緣際會，因擔任長照輔導專家委員、長照培訓講師，還曾受邀參與過獨立特派員節目預播的社區長者座談等活動，而與傳久兄有更多互動，甚至聽說他還去考了北歐與臺灣的照服員，實際投入服務，很佩服傳久兄持續的努力。因此這本書應該不只是各種理論的集合，而是透過實際採訪與投入操作的深刻體驗觀察成果。

在課堂上分享國外的例子經驗時，常有兩種極端反應，一個是「這個我們臺灣也有呀」，另一個是「那是國外，臺灣辦不到」……過猶不及都不好，如果你是第一種心態，在看這本書時，可能要提醒你，其實重點不在「有」或「沒有」，也別只看到做法、制度、名稱或是器材，也許要看看裡面核心的價值與理念，我們有沒有學進來！第二種則是常見的國外月亮較圓的心態，國外不一定較好，如何學習優點與其中精神，融入我們長照服務才能發展屬於我們的特色喔！

以上提到的狀況，也是我們這個外來專業職能治療遇到的問題，書中也可以看到國外的職能治療師如何參與長照發揮專業的例子，不過也別急著把做法完全照抄回來，建議看到其中核心精神與理念，其實說穿了就是回到以人為本、以個案需求為中心、跨專業團隊合作，支援個案參與生活、發揮身上最大的「能」，才能跳脫身上疾病造成的障礙！說起來容易，但對我們可能是價值觀的翻轉呢！

如同書名所示幾個元素～合作、創新、體驗，在大家看這本書的同時，除了各國各種精彩服務實例，也提醒看到其中的關鍵，長照非僅是醫療，也不只是照顧。長照要做好，除了疾病的醫療、藥到病除、訓練能力回復、復健很重要外，如何與疾病共存，讓人活得有意義、有價值、有尊嚴地發揮功能、參與生活，甚至社區各種資源的連結整合調整，也是復能、自立支援、在宅醫療的理念。在這樣的理念前提與共識之下，各種創新、合作的服務體驗，就都不是問題囉！

誠摯推薦所有想參與、正在參與的長照人員，以及可能成為個案的社會大眾，一起來看這本書，共同創造有我們臺灣味的更好長照服務！

胡文郁

・國立臺灣大學醫學院護理學系、所教授、主任暨所長
・臺大醫學院附設醫院護理部主任

## 護理與照顧專業發展的催化與轉換

對傳久老師的印象始自公視特派員對「北歐各國長照制度與人力培訓」的系列專題報

導，後續衛福部推動「慈悲關懷社區」以及「長期照顧服務」等相關任務與課程，對傳久老師又多一些認識。直至二〇一八年擔任教育部「精準健康產業跨領域人才培育」計畫總辦公室協同主持人，參與幾次健康福祉執行學校之課程評鑑時，聽聞他不遺餘力地參與幾個學校的長照與管理課程之推動，對高齡長照機構高階領導與經營管理的未來人才培育，也著力甚多。

為了提升護理同仁及護生能具備創新文化的能力與視野，以及減少「產學落差」與強化「人文素養」等議題，筆者因曾經在某些場合聽聞傳久老師的演講，他從「使用者」角度出發，瞭解病人的真正照顧需求，並親自居家訪視照顧個案，透過音樂等媒介與個案互動，揭露被照顧者的心聲，對於他有溫度與人味的長照服務，留下印象深刻！因此，數次邀請傳久老師前來護理學系演講，向學生分享他遠赴歐洲各國參訪社區高齡及失智者的創新活動，以及北歐國家完善且貼心的照護模式等；在開課前，筆者數次與他溝通討論授課內容，他以「設計思考」方式進行課程教學，課程中除了提供健康福祉許多創新見解，以及對專業格局演變的建議，深深感受到他多年來在跨媒體與成人教育的用心耕耘，以及對培養醫護人員「溝通能力」的重視與熱情。

近年來，教育部鼓勵學生與企業進行創造力的協作活動，提供學生有機會進行跨域學習與協作，故設置護生／護理師參與醫療設備與器材設計的多學科學術環境，將作品商品化進而導向商業模式，促進民眾與家庭整個生命週期之健康福祉（health well-being），如：提供輔助設備予行動不便者、用於就地老化的智慧家居感測器以及遠端機器人智慧護理助理等；自二〇二二年始，筆者主持教育部「精準健康產業（健康福祉）跨領域人才」培育計畫，旨在培育精準健康領域具備「數位關鍵」能力與「智慧創新」的未來人才，以促進健康福祉，為了強化護理師在醫療器材開發的關鍵角色，邀請「醫資、公共衛生、管理及創創」等學院教師，共同合作設立跨域健康福祉微學分課程，擬透過人工智慧、物聯網等數位科技以及國際行銷與法規等跨領域知能的導入，導引大學院校鏈結「數位科技與生技」產業，以培育具產業實作能力及國際競爭力的跨域人才，授課期間，強烈感受到「科技與人文的落差」是一個非常迫切並亟待解決的議題。

這些年傳久老師將其至丹麥、以色列及荷蘭等歐洲國家的經驗，撰寫成書，說明如何從顧客及使用者需求的角度，設計或發展高齡長照相關的服務或產品。他認為臺灣的長照環境問題不是硬體與錢，而是在價值與方法上必須與時俱進，他透過本書詳細介紹設計創新的思維（design thinking），陳述北歐文化重視同理心、開放、融合、永續、由下而上的在地精神，提升社會大眾友善的識能，實踐「以人為本」的價值，願意自發性地由下而上提供協助，如：荷蘭如何讓圖書館成為「失智友善社區」的一環，強調人與人之間接觸的細節，讓長者在社區長照環境中互動地生活，不用金錢就能獲得安全感、歸屬感以及幸福感，在尊嚴、盼望、關懷與自主平等地氛圍下幸福終老，做為將來臺灣高齡與失智友善政策的依據參考，讓臺灣成為充滿溫暖的高齡失智友善社會。

深感榮幸有機會先睹為快，從本書能學習到融合設計創新的思維方式，帶動政府及組織人員的合作素養與改造，讓行動不便者也能很容易的參與社會，過著有意義的生活；提醒我們要自我反思「提供照顧者或支持者的個人知識（態度），是否不足而造成發展障礙」，而不是認為「被照顧者有障礙」；即先瞭解自己國內發生問題背後的「原因與價值」基礎，再思考解方，進而發展出具臺灣特色、因地制宜及適合不同族群的服務或產品；不需要一味地追求國外的做法，如此非但無法真正解決問題，甚至創造出更多問題。

從閱讀本書深深感受到傳久老師對提升「護理教育與長照品質」的關注與熱情，實不亞於護理專業人員；基此，若說他是護理最強而有力的「支持者、監督者與領航者」亦名至實歸，再次慎重地推薦這是一本值得您花時間閱讀與細細品味的好書，相信讀者必大幅提升對「教育與長照」的知識與視野。

倪麗芬

・長庚科技大學護理系副教授

## 從使用者角度來設計長照服務

與周老師因承接國民健康署預防及延緩失能課程的計畫相識，邀請他擔任該計畫的講師，接觸過程發現周老師對於長照服務有理想、有抱負、更充滿熱情，也因此與周老師在長照相關議題、教學設計與方法等，有一些討論及分享的機會。

很榮幸有機會受邀撰寫《長照服務各國設計創新——合作、創新、體驗》的序，此書處處有驚喜，而且一開始閱讀就欲罷不能，愛不釋手，書中許多的故事，經由周老師的敘述，再搭配照片，像是身歷其境於芬蘭、挪威……臺灣的各個角落，周老師提出許多好的見聞，也指出某些不恰當的做法，更提出許多值得我們反思的問題，提醒了身為護理教師的筆者，到底我們提供的長照服務，可以怎麼做，才能做得更好！

筆者想，「從使用者角度來設計長照服務」應該是能做好長照服務最重要的精髓，活動的設計顧及長者的尊嚴與自主性，以長者的需求為主，而不是照顧者的需求，更不是上面交辦。書中有一段話非常吸引筆者，「照顧者學習要能從失智者的眼光看世界」，如果凡事都能以使用者的角度著手，從使用者的需求來考量，活動設計就會充滿了同理心及巧思，如果藉此讓使用者的失能、失智得以延緩，生活功能更好，及滿滿的幸福感，相信健康照顧服務者也會有非常大的成就感，這樣的過程，豈不是最好的正循環！

《長照服務各國設計創新——合作、創新、體驗》是一本好書，滿滿的例子、故事與提醒，藉由學習別人好的經驗，再加上自己獨特的資源或創意，能做出自己的亮點；看到不好的例子，想想可以怎麼修正及改變，避免徒勞無功甚至傷害使用者。因此本書非常適合對長照服務有興趣的讀者，不管您是教師、學生、健康照顧服務者、長照使用者或是家屬，相信都會有很大的收穫，很值得推薦給大家。

## 游麗裡

・財團法人老五老基金會執行長

由於政府預算的大量投入，臺灣自長照 2.0 開始推動後，各式長照機構數量不斷增加，而這些數字背後，究竟是滿足了政府對機構成長量或機構經營者對利潤的追求？亦或是追求受照顧者需求的滿足？備受爭議，也備受考驗。唯二者之間，並非絕對零和，在一定的程度上可以共存，但不可否認，實務上，不少長照機構經營者，以自身有限的經驗投入長照市場，對於照顧服務規劃缺乏想像力與創意，又往往忽略照顧服務的價值及理念。因此，導致機構經營者或照顧者並不瞭解照顧服務過程中的多元樣態及服務創意對被照顧者的重要性，同時也形成了長照機構及接受照顧服務人數不斷增加，但不同的長照機構之間，卻存在著千篇一律照顧歷程的現象。這都侷限了機構經營者與照顧者的視野，也讓長照服務目標的發展與實現大打折扣，其中，最大的關鍵，就在於對相關長照服務設計創意方面的資源和資訊是相當不足的。

這一次，由周傳久老師所撰寫的《長照服務各國設計創新——合作、創新、體驗》一書，藉由不同主題，環繞著人本的照顧思維，如內文所言，提供長者多元思維跟平等、尊嚴參與與選擇的機會。而書中對照顧者亦有諸多提醒，須以敞開的心，和真誠的關懷與同理心，本於專業支持弱者，讓弱者發揮潛力，減少生活中的問題，讓長者們更有勇氣活到老。書中內容透過大量各國的案例，處處點出服務理念及價值的重要性，對於閱讀者有如暮鼓晨鐘；而書中所分享的實務操作層次的各種創意，則令人莞爾，也令人茅塞頓開，只要用心，創意可謂無所不在，對於實務工作者應該能起到示範，以及醍醐灌頂之效。相信，這本書對於長照導入預防性照顧、合作及創新的思維，提升老人生活自理能力與生活品質，將會有重要的助益與貢獻。

**楊忠一**

・新北市社會局輔具資源中心主任

第一次知道周傳久老師是在二〇〇八年，當時我們物理治療師的小群組熱傳著周老師關於芬蘭老人運動的公視節目，親眼目睹七、八十歲的芬蘭老人倒立、翻筋斗、吊單槓……，與其說是震撼，更多的是對專業的自省。要怎麼給個案真正有效、看似危險實則安全的運動，背後需要的專業與準備啟發了筆者。

在長照的領域，本書由周老師的觀察與資料蒐集，豐富列舉了荷蘭、芬蘭、挪威、奧地利、比利時、瑞士、丹麥、以色列等國相關的服務情境與反思，讓筆者等長照相關專業人員能夠不出戶而知天下，他山之石可以攻錯。

周老師更是在國內親身實踐，自己報名參加照顧服務員資格訓練及相關課程，親身參與照顧現場。書中可見他在現場仔細觀察的心得，並與他所蒐集的國外情況做分析比較，並提出具體建議。這樣接地氣的論述方式，尤其讓真正服務於現場的讀者超級有感，有時點到痛處，時而突破盲腸。

古語有云：「讀萬卷書，行萬里路」。對於長照服務就像在說理論（萬卷書）與實踐（萬里路），而本書幫我們整理了各國的具體作法，並且藉由周老師的親身投入，也幫讀者行了萬里路。這又讓筆者突然反省，是否每次的出國考察都真的有其效益？出國考察前先讀讀這本書吧！

詹弘廷
・埔里基督教醫院長照醫學部主任醫師

## 比長照創新思維更重要的思維

美國醫療品質大師唐納貝登（Donabedian）早於一九七〇年便提出健康照護的品質，即包括核心技術（Core Skill）、人際互動關係（Inter-Personal Relationship）、以及環境氛圍（Amenity）等三大類。醫療院所在核心技術上的努力，係指在醫院服務能熟練掌握醫療、護理以及醫技等專業技術上，能掌握新知與相關儀器進行正確的診斷與治療，以最快的速度、最低的代價、最好的效果讓病患出院並適切回到社區生活。在這樣的觀念引導之下，現今醫院的核心技術又結合基因組測序技術、生物資訊及大數據分析的交互應用形成了二〇一四年美國前總統奧巴馬所提出「以實證為依據的精準醫療（Evidence-Based Precision Medicine）」，甚至是再整合ICT與BIO的跨域能量，形塑預防、預測、診斷、治療、照護之全方位個人化精準健康，而照護領域將可以朝「精準照護」（Precision Care）更進一步來發展。

## 長期照護的核心能力有哪些？

二〇一五年學者王淑貞曾如此定義長期照顧說：「長期照顧是一種健康、生活、安全照顧等相關事務的描述，屬於一種服務理念、理想、使命之方向；長期照顧是一個人因失能（disability）而經歷一段長時間的功能困難或不能（inability）時，在各種機構與非機構的照顧環境中提供一段長時間、持續性的服務，包含長期性醫療、保健、護理、生活、個人與社會支持（含經濟安全）之照護。其特有之本質，非急性醫療之延伸，也非慢性醫療，強調治療和生活的統合，在理念上必須把健康醫療照護融入日常生活照護之中，服務之提供應跨越醫療機構，須擴展至社區與家庭」。

然而臺灣長期照護的核心能力是什麼呢？又要如何發展呢？近來我國教育界正推廣長期照顧管理的國家證照制度的科目，可包括如長期照顧生活服務：長期照顧學、照顧倫理、活動設計、通用設計；健康照顧：身體評估、慢性病照顧、失智症照顧、身心障礙者照顧；長期照顧服務管理：居家服務督導、個案管理與照顧管理；長期照顧經營管理：長期照顧、經營管理、長照政策與法規；智慧長照及健康照護應用：長期照顧服務與物聯網應用、健康生活與物聯網應用、醫養物聯網應用等等。周老師在「飲食起居　友善顧念」章節中提到，許多不同於臺灣長照核心能力訓練的創新科目如主動和老人說話、瞭解他們最需要的，表情、肢體語言和言語的友善與安全最有感；讓長者參與照顧決策，友善適度的SDM；有溫度的長照從徵詢開始；專注傾聽，讓說話的人有安全感，感覺到自己是人；運用神職人員進行哀傷支持；支持失智者身體感覺而非約束；顧念長者營養及進食能力；正視口腔照顧及吞嚥功能；重視足部保健及治療丹麥經驗；青銀社會住宅奧地利經驗；芬蘭支持型照顧住宅；時間銀行的難處；奧地利失智照顧住宅；日本長照機構新趨勢；以色列墊木的故事等等。

如同周老師所提到：其實北歐國家照服員核心能力是結合許多觀念、工具、方法、內省與創造力，最少是兩年半的養成，和我們的一百小時不同。這些創意來自開放的心、良好的互動，並且有健康的態度，把各種新的可能當成動腦的刺激，能同理不同學習者的學習障礙的良好教學法，是需要有國家高度又長期修正制定的師資、教材及人才入門及在職教育的。其中有趣的是，當指出「學習專注聽老人說話」實例時，這位年近九十須洗腎又得陪伴失智妻子的老醫師，有次他本來已經沒力氣，但談起醫學系，老醫師就說，「那只是像逛博物館一般，把醫學逛一遍而已。畢業才開始真正的學……」，其實筆者個人也以為無論是照服員或具長照管理證照者，能落實在職繼續教育（跨領域、跨場域）及床邊訓練和反思整合應用（理論、技術及實證）才是關鍵，而非僅提供證照檢定前的課堂和實習講授教育。

## 人際溝通是比照護技巧更重要的專業

其次是健康照護存在價值是人際關係，這裡所指的人際關係是指健康照護人員與受照顧者或其家屬之間的人際情感溝通及互動，由於醫療知識的不對稱差異及病情變化的不確定性，在醫療院所現場裡，醫療決策的形成，民眾多依賴醫護人員的說明或對其信任感受，尤其現今更重視全方位健康如生理、心理、社會和靈性的照顧服務，其中心理和社會健康的照顧與人際溝通有較密切的關係，即使在急性醫療階段，健康照護人員與病患或家屬的溝通互動不佳，臨床治療的成效也會打折扣的。而在長期照顧的服務場域裡，無論是在機構或居家社區端，健康照護的目標是維持其自主生活能力，支持受照顧者日常生活功能，促進其生存價值及生命意義，照顧者和受照顧者間的人際關係與溝通互動，比照顧核心能力的服務品質更加重要。

在周傳久老師的「設計思考　服務創新」章節中，特別提到「服侍善工」的動機及理念：照顧是有熱心、有憐憫合併技術展現專業，而不是在互動關係中展現權力，用不同眼光看見對方，懂得如何與弱者同在，想到用對方無助的暴露自己軟弱的眼光看世界。照顧者要靜下來仔細的瞭解被照顧者的需要，給予幫助，並且讓被照顧者得到活下去的盼望，並激發活下去的潛力。此處強調靠照護技巧無法處理的困境，只能回到人性關懷的互動。照顧的辭典包含了臨在（Be）、溝通（Communication）、學習（Learn）、以及做（Do）四個動詞：為這位受照顧者，我能成為什麼樣的臨在及注視他／她的存在？我能和這位受照顧者溝通些什麼？我能從這位受照顧者身上，學習些什麼？如此，我能為這位受照顧者做些什麼？這不再是拘泥在事情的處理，透過注視、溝通、學習及觸摸進而能到人心的照顧。

## 營造在地老化的照顧環境氛圍

最後，環境氛圍也是影響健康照護品質的一個因素，醫院要能從患者的角度出發，在物理環境及人員服務上處處考慮貼心、方便，那麼醫院內的設施採購和安置便是醫院管理者關心和努力的重點了。國際失智症協會於二〇〇四年在日本京都會議發表的《京都宣言》建議，照顧失智症患者的模式是社區照護，並確立「失智症患者在自己家中接受評估及治療是最好的」。如此要能適切評估、掌握失智症患者的能力與功能障礙，協助失智症患者能照自己的意願，儘可能彌補他們不自由的地方度過自立的高品質生活。這其中就包含尊重主體性、尊重自主決定；維持生活風格延續性、保障自由與安全、排除侵權行為、社會交流與尊重隱私、注重個別差異、提供個別化照顧；追求舒適有彈性的生活，忌諱急遽的環境變化；重視個人既有的能力，協助其找回求生意願與希望；維持個人尊嚴；維持身體良好狀況與預防併發症等十項照顧重點及原則。

在周老師的「利他貢獻　延緩失能」章節裡，提到在失智症者社區照顧中透過圖書館、社區關懷照顧、失智照顧咖啡、教會或社企二手商店、社交共餐、重視受贈者自尊的手工義賣、失智聯合聚會、幼童激勵失智者運動和鄉村延緩失能活動等，尊重每個失智症者的個別性和其價值觀，使其在他們熟悉的社區中持續有意義的生活。而這些活動的細緻介紹及推廣，也能讓社區中所有居民正確認識失智症和主動樂意共同參與失智症照護，這也是失智症者能在友善社區生活的重要基石，而這些北歐國家的巧思善行，儘管與臺灣的風土人情有所差異，確實與《京都宣言》建議及原則一致，值得我國各地發展失智友善社區來借鏡。

另外文中也提到有關比利時長照機構新思維、水中運動加強推廣、芬蘭下背痛防治之道和挪威身心障職訓的個別增能等，也讓我們反思透過受照顧者的角度和過去生活經驗，在日常生活習慣裡，重視復能活動及健促功能的關鍵性。二〇二六年臺灣六十五歲以上的長者將達20.8%的超高齡社會，日後社區中失能和衰弱的長輩將日益增多，屆時專業照顧人員和家庭照顧者的界線將越來越融合，如何能提供「生活照顧化、照顧生活化」健康照護氛圍與營造自主互助的共生社區，也將是政府及民眾落實在地老化夢想的共同目標。

## 劉芳

・臺北醫學大學高齡健康暨長期照護學系副教授兼系主任

周傳久先生是高齡長照的觀察家、教育家、實踐家，讓我們跟著傳久老師的步伐，發現延緩失能、服務創新與起居飲食友善的洞見思維。期待藉由三跨：跨世代、跨文化與跨專業，互相理解、交流與合作迎接高齡社會的來臨，讓在地老化與生活能夠安心、安全與安適。

## 蕭淑代

・臺北醫學大學附設醫院行政副院長
・臺北醫學大學護理系兼任臨床教授
・臺北市護理師護士公會理事長
・中華民國護理師護士公會全國聯合會常務理事

接到序文邀請時，因為年終歲末、疫情微有起伏，工作正是忙碌著而有些許遲疑。不過，心想也正是一探究竟為何周教授經常訪查北歐長照，於是咬定牙關鐵了心地答應了。

今臺北氣溫與陽光特別美好，週日上午陪伴百歲母親南港公園伸展後，趁其午休時刻，點開《長照服務各國設計創新——合作、創新、體驗》檔案閱讀了起來……

第一單元——利他貢獻　延緩失能，十四小節中筆者總是一再看到源於「愛」與「利他」，每章節提到的活動與組織運作，都是掌握「鏈結、互利、共享、循環的永續推動機制」，不需要很高門檻的資金、工程投入，以人性普世價值、長者個人生活型態的開始，藉長者的智慧與身體功能的實踐，讓長者付出並獲得尊重、成就與回報，朝向延緩長者失能與擴大到公平利他的海外弱勢支援，實在令人感動與佩服。

第二單元——設計思考　服務創新，談到國內外照管專員與A個管的差異，省思訪視評估者與客戶和家屬的互動素質，強調兼顧長者個人生活型態與家庭需求導向之照顧需求評估，避免陷入「上帝第二」的錯用以病人為中心來忽略病家為了提供照護而陷入的家庭動力與運作功能失調困境；呼籲重視照顧者、居服員、照服員的訓練，從同理心開始到溝通橋梁。這種照顧服務以人性、彈性、尊重長者的方式，更藉自然、有趣啟動老人的活力，並帶著長者到室外活動，一起去到他個人去不了的地方，跨越疫情隔離不能見面的互動方式為例，讓長者繼續保有社會的接觸與互動，擴展生活經驗與刺激。

第三單元——飲食起居　友善顧念，從老人需要什麼的提問，談失智者照顧的身、心、社會、靈整體照護。與悲傷人同在的同理心素養、讓長者參與照顧決策、友善照護從徵詢開始、學習專注聽老人說話；以及在地老化顧念營養、正視口腔照顧，再再說明老人營養不只在供餐、吃得下，同時要讓他吃得有伴以提高照護品質；尤其推廣吞嚥強化長照素養、足部保健，加以各種青銀社會住宅、在地老化支持型照顧住宅，更讓老人看到自然四季變化，享受大自然中生命晚期的美好氛圍。

誠如周教授所述——我們要不要複製並不是重點，這本書建構老人照護的核心價值，同時省思臺灣長照推動現況與標竿北歐制度政策；激活讀者的老人長照之創意思考，打破陷入資源困境地自我限縮，重點更在借力使力的過程中，引領讀者一起營造助人正向韌力，讓臺灣家庭、社區蓄積再蓄積，拓點再拓點，實現「在地長照關懷顧念生態圈」。

# 作者序 FOREWORD

這本書收集他國如何豐富長者生活的許多例子。共同特性是不以病人看老人，不以治療看服務老人，重視老人自主，支持自主因老化受限的人追求放鬆、快樂、做自己覺得有意義的事。

以往，看一群老人各有所需，要給予個別化照顧很難。現在的看法是可以瞭解他們有哪些共同期待而支持組團各得其所。結果，聰明的老人許多問題自己一起想辦法，反而讓認為老人不行的人開眼界。

過去，社會投資在用更好的醫療因應老化，現在的走勢是注意生活方式注入更多使人不孤單、能共同發展創造的機會。結果，快樂的老人使周圍的人也跟著快樂，或許想靠人失能賺錢的人倒要煩心。

這些很理想？沒錢沒人怎麼做？如果詳閱這本書，會看到許多美好的結果不是空想，持續存在，由於大家有清楚的價值理念，且願意合作創造資源與機會，轉變人的生活面貌，影響人可以更充實健康面對老年。

感謝來自不同專業背景的許多前輩賜序，使本書一如前四本，最精彩的是這些序。他們不同的觀點提供更多思考角度看本書的一些他國現象，有助讀者找出結合自身經驗處境的亮光，重新看待社會老化的未來。

## 目錄 CONTENTS

### UNIT 1

### 利他貢獻　延緩失能

## UNIT 2 設計思考 服務創新

## UNIT 3 飲食起居 友善顧念

# 1 UNIT

# 利他貢獻 延緩失能

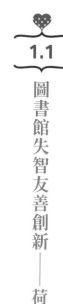

## 1.1 圖書館失智友善創新——荷蘭

「你知道腦有八成是水組成嗎？所以我們必須常常喝水補充水分」、「男人腦運作與女人不同」、「早上是練習動腦最好時間，因為這時腦較活躍」。這些是荷蘭圖書館推廣健腦專區的用語。在老人增加的社會，失智隨比例增加是可預期的。能在熟悉的社區久住才去機構是照顧原則。因而衍生失智友善推廣，希望失智者在居家周圍都能繼續順利社會接觸和運用資源。歐洲國家如丹麥、荷蘭等都以系統方式結合不同社區團體發展，其中圖書館成為一環。

二〇一四年，丹麥注意到失智者到圖書館借書可能忘記還引來巨額罰金，所以培養櫃臺人員要有敏感度注意借書者，註記此人給予特殊協助。二〇二〇年荷蘭更在北部格寧根省（Groningen）多個圖書館設置健腦專區（稱為 De Breinbieb），提供玩具、書籍、活動和諮詢，號稱關於腦知識一切應有盡有！目的在幫助失智者、失智家庭照顧者、職業照服員、長照專業人員（護理師、個管師、職能治療師）。希望失智者與照顧者能來這裡借用器材以輕鬆方式互動，得到樂趣，有生活意義，讓照顧者得到喘息，不必困在單一照顧情境。同時，所有對失智和照顧有疑問的民眾，有專區充實知識，知道如何維持記憶、如何更有效運用音樂搭配活動健腦。雖未說這是預防計畫，實質上有這樣的精神。

專區有一專屬電腦，頁面已經整理過各類入口網站，幫助民眾更

▼ 失智友善教練 Wyher van den Bremen 示範圖書館失智資源使用。

▶荷蘭圖書館失智專區收集資源，避免民眾和據點各自一套的花費，且可不斷嘗試各種可能。

快找資源。又設計有一櫃子，裡面收藏市面有的各種健腦工具，例如懷舊圖卡、配對遊戲圖卡、動腦問題回答。有的適合與失智者互動，有的對失智者比較難，但一般民眾可以練習。除收藏櫃，還有大量圖書，例如荷蘭腦庫創辦人Dick Swaab的國際知名著

作 *Wij Zijn Ons Brein*（中文譯著稱《我即我腦》）等，還有荷蘭老人寫的各種老年生活體會、相關小說、影片。專區地面可以坐在地上玩，也有桌子可以用，充滿運用彈性，且不容易受到他區干擾。

為提供完整有效的支持，館方除預備硬體資源，並於每週一安排固定時間讓照顧者們可以交流，週四上午有心理學專家來坐鎮諮詢。這樣，圖書館人員以他們的專業服務民眾，提供民眾閱讀選書建議，他們不是失智專家，但有真正的照顧專家協同幫助民眾。

回顧許多失智者怕被標籤化或走失而逐漸失去社會接觸，圖書館提供了很好的機會。因為來這裡是民眾很正常普遍的去處，有安全感。家庭照顧者也多一個求知解惑資源，且不需要電視廣告一說什麼遊戲有用就去買一套，因為圖書館有，而且容易找到。

以往文獻顯示，照顧失智的家庭照顧者也是失智高風險群，因為他們要照顧人而降低社會接觸。圖書館成了新的去處。而且當相似處境的人能交流，有助家庭照顧者理解不是只有自己處於困境，甚至從別的照顧者的遭遇而明白還有人比自己更辛苦而釋懷。

荷蘭早在二〇〇七年就發起世界知名群起仿效的「歐茲海默咖啡」，在社區找地方定期辦活動，幫助失智者也幫助照顧者。活動有固定流程，其中有醫師解答。但終究時間有限，而且有的知識可以自己學習，增加知識基礎。現在圖書館規劃健腦區正增強民眾學習資源。先進國家對照顧的定義是人人有責任自我照顧，這需要與時俱進的充實新知，圖書館正好扮演這角色。

為了推動鼓勵民眾正視失智照顧，懂得求助，知道圖書館的功能，館方和藝術家合作，由藝術家設計行銷活動，到日間照顧中心教導老人製作毛線編織的心型圖案飾品，還有個人想到的鼓勵、同理話語，設計行銷紀念品供民眾參與和使用，稱為給愛的留言卡。如果民眾一時想不到什麼好的鼓勵話語，別擔心，這裡是圖書館，館方早已準備好參考書，民眾可以翻翻找找，看想引述哪句，或聯想起什麼來寫。例如有人寫「我正動腦算多想念你，但無法算出多麼愛你」！「我多麼愛你，你絕不孤單，我們一起成長」。「有人照顧過多，將這視為愛」。

這也是動腦，而且是助人正向動腦！這樣，這個動腦區因大家動腦而源源不斷有新而人味的創意來到，也符合晚近圖書館經營原則，讓圖書館不只是K書中心也不只是來借書的地方，而是成為公民一起創造新知的發源地。

荷蘭發展健腦區並非臨時起意，或單找一個圖書館設立以成為特色績效亮點。而是系統化發展，讓各地區民眾能就近取得資源，實質的支持民眾面對老化產生的挑戰與困境。同時，失智友善和增加對腦與記憶的瞭解，也不被認定只有問醫師才可以，而是提供終身學習資源，讓民眾可以自學。也唯有如此，才能更普及知識，減少因無知造成的問題，如聽信偏方、容易被騙。

腦知識博大精深，一直在翻新。腦老化不等於世界末日，因為瞭解越多就越知道怎樣使用和設法保有還有的部分能力。比起去醫院等看病的地方找照顧線索，或者只有抱怨醫師給的時間不夠，圖書館氛圍更自在，能很放鬆的按個人步調一次廣學很多基礎知識，還形成最接地氣的跨域新社群。所有老人關懷據點和日間照顧中心也不用編公帑預算，各買一套遊戲軟體和書籍，這樣不是很好？

## 1.2 慈悲關懷社區芬蘭版

衛福部國健署有鑑於在人口快速老化趨勢下，越來越多重症和安寧患者回到社區，可是正規醫療資源對這種處境的家庭能給的幫助很有限。更重要的是，這個階段民眾與家人最需要的是，不至於處於孤單。所以從二〇一九年年底開始大舉發展慈悲關懷社區倡議計畫，在北、中、南、東辦講習，希望招收有心人成為推動種子。

這個理念源自英語所謂 Compassionate Community，過去幾年在英國、加拿大、澳洲都有類似計畫推展。大致上也起於和我國衛福部一樣的理由，也因為有些家屬受惠於此深受感動，於是努力推動，希望更多人得到幫助。

衛福部講習資料介紹他國故事，也模擬未來在我國推動的願景，更以瑞士時間銀行為例，提供參考線索。希望集思廣益，找出我們可行模式。

我國的確面臨衛福部所看到的未來挑戰，但怎樣才能發展更多民眾關懷支持同一社區其他苦於重症照顧的家庭？怎麼讓這種關懷系統化、制度化、常態化？如何讓一般民眾有熱情膽識跑去末期和重症家庭，而且知道該做什麼？這並不容易。迄今，各國也還在摸索。但或許芬蘭有個志工組織祖母俱樂部（Mummon Kammari）的發展歷程給我們一些想像。

這個組織大致做到慈悲關懷社區想走的路。它在芬蘭第四大城，人口二十二萬的坦佩雷市（Tampere）已經三十年。一樓是老人活動中心，每天有上百位老人進進出出，來打毛線編織然後義賣當服務基金，已經捐贈的物品遠及印度和非洲。

▼ 芬蘭第四大城坦佩雷市（Tampere）視障、聽障、語障通用的老人活動關懷據點外觀。

大家來這裡製造、捐贈義賣品，而且集體創意不斷開發義賣品。這些生產工作和捐款在筆者二〇〇五年去拜訪時，整個組織年淨收入可以達四千萬臺幣。因為彼此信任，而且將服務加值，創造多贏。

空間除生產義賣品，還有多樣的協談空間讓老人相互支持，一大群本來在家孤獨的人不再孤單。咖啡茶點都是老人相互預備，人人按興趣和才能更有發揮。更有常態外派志工巡迴服務，現在有九百五十位志工，二〇一九年有新志工一百六十人。服務項

▼ 芬蘭重視老人發揮所長幫助別人，退休麵包師傅彈琴讓其他做手工的人有好氛圍。

目包括到府換燈泡、掃院子、陪伴外出等各種服務，對象是孤單老化的人或者自己老病無力整理家務者。

十年前開始隨社會需要和志工提議，開辦安寧志工服務和志工課程。目前有十三位專門做安寧訪視，他們不但要訓練，而且還有安排隨時可以諮詢的支持，畢竟這是要花時間陪伴的特別服務。本於《聖經》教導要顧念有需要的人、被忽略的人，按著《聖經》說：「做在最小的弟兄身上就是做在主耶穌身上」。所以不需要像時間銀行一樣，是有期約交換條件。而且時間銀行在臺灣熱鬧一陣子，現在慢慢也被發現很不容易推廣為替代醫療資源不足的選項。

有期約交換條件的時間銀行尚且民眾興趣不高，何況全志工的 Mummon Kammari？但這個組織的歷史和現況，以及發展社區安寧志工的過程，至少給我們發展慈悲關懷社區有些啟示：

1. 有極為明確的價值理念為基礎，三十年一步步與時俱進發展不同的服務，來回應社會的需要。這不是為服務者積功德，也不是要得到什麼。

2 這不是起源於政府由上而下推動，而是有些志工四處服務感受到社會處遇改變。我們目前是由衛福部倡議，準備資源來推動。接下來，要盡量走向由民間自覺比較容易持續。

3 想要看到更多計畫性能支持末期患者與家屬的志工，是先有相當一段時間一般志工經驗，累積接觸比較重失能、失智，逐步發展出來，這樣志工有更多準備。而不是一開始就忽然想製造一些社區安寧志工。

4 讓不同需求的人媒合服務，是滿足被服務者也滿足服務者。例如有人一輩子開卡車而較少有人的互動，想趁退休多和人互動，還有的想嘗試不同生活經驗，或期待幫助更多有困難的人，媒合平臺提供很好的機會。

5 能在都市中成功常態運轉，表示並不是根基於傳統農村鄰里長期相處的人情，而是重新建造起來的關懷網，這和臺灣都市化的現況有點相似。它的經營行銷是有效的，定期由各種志工承辦人辦集體說明會讓民眾參加瞭解，有助更多人投入。

以上來看，我們得先省思自己的文化如何一步步塑造一個清楚的價值基礎才做得久、做得穩。或許從已經有熟練社區志工經驗的族群或病房安寧服務經驗的志工為起點，多聽他們的意見，再來發展社區安寧志工。我們的確未來要面對國健署預測的處境，能實實在在一步步來，有效結合基層經驗與資源，或許更有機會走向所期待的願景。

## 1.3 從設計思考看「照顧咖啡」——芬蘭聯想

近年臺灣一下子多了不少「照顧咖啡」，有許多溫馨目標，包括提供照顧家屬喘息交流、照顧者重返職場、輕度失智者服務，還有其他社區參與。其中有的已經做出口碑，但也有官員民代剪綵熱鬧啟用，創造媒體亮點後就慢慢無聲無息，甚至公費買的設備不合用因有財產登記還不能丟掉，只好藏到倉庫。

還有的投資成本買家具、蓋廚房，還在想下一步怎麼辦？因為有經費可以申請或正好有空間可用，就趕快先做，然後再來想「這個房子還可以做什麼」、「那個角落還可以做什麼」，然後做了不如預期可能放一陣子，等下一批人有興趣再來想「這個房子還可以做什麼」？「那個角落還可以做什麼」？

這其中有些資源運用還可以更有效益，但為什麼一再發生白花錢、或閒置、或被抱怨不切實際呢？究其根本原因，可能包括運用資源的行政制度，還有一開始如何完成設計。本文暫不討論第一項，那些層層關卡的公文和報帳，雖然那也關鍵。本文先討論設計決策部分，到底如何盡量避免不切實際。

完成一項有品質的服務，要事前計畫，這不新鮮。但針對某些對象，設計符合這群人的需要，晚近關於長期照顧，越來越重視使用服務設計方法和工具來推演服務。因為一群人的需求有相似處也有相異處，於不同地點用不同方式服務，也有許多變數要考量。有些牽涉裝潢，也有些與裝潢無關，較容易調整；也有些需求可能年年變化，服務設計者要預留空間。當然，一切考量要可行，包括經費和服務者素質，甚至使用者品德。

筆者實際用過的服務設計方法如丹麥的「嚴肅玩樂高」、荷蘭的「設計基礎學習」、比利時的「GPS願景落實化」等。觀察有其共同特性，多半事先有一套價值為基礎，如人人平等、維持社會連結、維繫幸福感等。然後有些實踐原則：❶重視參與，包含有經驗的照顧者和目標客戶。❷耐心對話，這才能逐步建構最接近的結果。❸正面思考，透過好氛圍鼓勵集思廣益。❹善用經驗，讓基層服務者有效抽取經驗支持更新的線索依據。換言之，最早不是為推演照顧高端人士創造商機，而是顧念多人。設計思考如果只為營利用於高端人士，很可惜，失去本意。

即使沒使用這些需要學習和花成本的方法，就算最簡單的，用大壁報紙畫棵大樹，讓來往的人用紙條寫下自己的想法，也很管用，至少比好幾百人會用的場地和服務，卻只找少數幾位偶而來開會的學者決定要寬廣一點。當然也看議題，醫學手術不能這樣做，可是一間日間照顧中心或「照顧咖啡」就可以考慮了。

例如筆者曾於前高雄縣政府時代在內門地區改變家庭照顧者喘息服務時，透過以上方法確認，許多照顧者需要的是聽笑話，而不是精油舒壓。所以據以進行更低價實際並涵蓋更多家庭照顧者的團體喘息活動。精油未必無用，但至少後來不用精油的人能公平的得到政府預備的資源。後來又有一次，有家很知名的長照業者受託蓋一個老人活動中心，筆者用以上方法提醒了怎麼二十到三十位亞健康長者活動的場所只有一間廁所呢？還有一個經費充裕的大型機構改建，金主說要重視安寧照顧，設計者就每層住房都設置一間彌留誦經室。試想，要是正逢持續誦經，同層還能走動的住民天天來回走廊耳根難清靜是什

▼ 芬蘭老人活動據點很重視集思廣義。櫃臺有退休社工幫忙。她後方的彩色樹葉，是該單位鼓勵老人提出創新服務的建議。定期收集討論，由提案者帶領大家實現。

麼感受？何時輪到自己？

回頭來看目前臺灣不斷增加的「照顧咖啡」，如能選擇適合的設計思考方法而善用之，必然可以減少浪費和蓋好才發現的錯愕意外。為什麼選擇還要善用？記得包括多年前教育部通識老師聚集講習在內，很多單位用過「世界咖啡館」，本來應輪流分組定時腦力激盪，卻急就章分組時間過短，就急忙轉桌，很難發揮靜下心動腦激盪的效益，只是徒有熱鬧形式，完成進修小時數簽名。

另一善用的條件是，確保參與者有安全感，能平等主動發言，這是西方文化，尤其是北歐和荷蘭等國。我們華人從小被壓抑，不鼓勵小孩表達意見和學習負責，長大了，若無好的安排，一下子應別人要求而非樂意的聚在一起，要用西方設計思考方式會有障礙，做出的結論可能品質打折。或者看到長官在旁不敢表示意見，或者看到部屬在旁怕部屬有壓力而不表示意見（也可能是推託之詞）。更不用說還要用結論據以後續持續追蹤討論。往往兩、三次後就流於形式，這樣怎有好品質和禁得起考驗的決策呢？

以上介紹設計思考方法價值前提，以及善用之重要。接著來看相關「照顧咖啡」的實際例子。以芬蘭剛更新的老人活動中心 Mummon Kammari 為例。[1] 筆者曾翻譯為「祖母俱樂部」，若從字面應為「祖母的客廳」。它設立目的有一部分和臺灣時下的「照顧咖啡」相似，但功能更廣卻不衝突，迄今對地方貢獻很大。其實，說是六十五歲以上老人當志工幫助市民的中心可能更接近其真實圖像。有的人來這裡比退休前職場有更大舞臺發揮，笑稱現在的生活行程比退休前更滿！

建築外牆不浪費，街角九十度兩側的玻璃窗，彩繪各種這個機構進行的志工服務創意圖案，如打毛線等，說明裡面的人在做什麼有意義的事。一進門處有老人用打毛線才藝裝飾的助行器慶祝建國一百年。再往前走，志工接待桌前就可看到長年持續存在的動腦大樹，正是不斷收集意見的方法，寫希望、夢想、意見。如代間活動、時裝秀、一起唱歌、降低孤獨、人人可欣賞的藝術。這和上鎖的顧客意見箱感覺很不一樣，開放且透明。而且人人可看到別人意見，能激盪更多意見。相似模式在芬蘭公視等很多該國機構可見。

別以為老人意見很雷同或者沒什麼好意見。大家要活到一百多歲，六十幾歲開始表示意見，可用幾十年也嘉惠別人，這是很多人樂意的，並不需要給什麼禮物來湊看板熱鬧。「祖母俱樂部」的主管會觀察意見，甚至請寫意見的人來示範帶領一次活動。若留言者沒留電話，會請其他志工來實驗看看。志工主管顧美雅（Maria Vuoristo）說，「我們總在思考如何創造志工創新的空間」，顧美雅來當志工開發與營運主管時才二十五歲。

本於設計來自《聖經》融合在地文化，包括平等、互助、開放等所謂「北歐價值」（Nordic Value），和持續收集使用者期待的資料，這裡發動空間安排、服務內容、參與人員等多樣變革。這是位在人口二十二萬的芬蘭坦佩雷市（Tampere）的據點。以二〇〇五、二〇〇九和二〇一九年與何佑霓牧師（Jouni Heiskanen）一同拜訪所見，至少有以下調整：

1 **視聽障無障礙**：長者視障很多，希望更多人可以受惠能想到他們。從平等也會想到不同特性的長者，讓他們也可以來聚會和找朋友。將據點從坡度高的小階，還

1 請參見：https://www.mummonkammari.fi/sivustot/mummon_kammari。

要下樓梯才能進入的地方，遷移到更方便大家來的大路交會地點。視聽障容易來，想幫助人的也容易來。一樓進來，大門有感應器發出聲音提醒開門、關門，以及這是什麼地方。地面有視障探測拐杖可以感應地板引導動線排除障礙，如平滑區與地毯區的對比，更安心快速沿地形差異邊緣靠左右探測而通往目的地。所有關於活動的地面電線都收到通道以外，又要能確保發揮功能。天花板上的照明考量視障者，要夠強要間接光，又不希望有多影子，而採用無影燈，避免視障者拿拐杖走路誤以為地上黑影是障礙物而害怕或者眼睛痛。想想，若影子多要害怕多少次，還要來嗎？視障者說，相似道理，其實艷陽天不如陰天適合外出，這也需要被理解。這個城市提供視障者一個月十八次計程車外出來幫助他們，去醫院另外有社福單位提供交通服務。

所有空間都要強化色彩對比，讓人更容易分辨這是什麼地方。例如門與旁邊的牆也要顏色分離，不可漆同樣花色。空間回音要注意，因為視障者很敏感。但凡是重要訊息，要聽覺化，因為任何演講或說明用投影片，對視障都是困難。需要靠聽覺的，則得強化確保視障者能聽清楚。另外，牆壁有盲人觸摸可以理解的《聖經》故事，草地、羊群。櫃子有盲人可用的點字詩歌。

請曾在政府工作十五年的視障者敏那（Mina Ågren）當視障業務主管，在二樓辦公，她容易同理。筆者跟著她上下樓，中午穿過大樓的防火門到另一間餐廳，看她進出完成一切還與路過的人討論的情形，她又帶著筆者一路介紹各角落，這過程不用說明就已經顯現什麼叫無障礙。她出示一種名為Löydätkö「你能發現嗎？」外表光滑柔軟的訓練包包，裡面收集日常生活最常用的貼身小用品，有鑰匙、衣夾、滑鼠、髮夾、戒指、外出

▼老人活動中心設計時有平等的觀念，包容各種人。所以語障者也能快樂在此社交。由懂手語的牧師帶領聚會分享生活，相互關懷。

反光貼布等，這些可以用來訓練後天視障的人學習適應觸覺獨立自主生活。她的電腦有同步讀字功能，也有點字印表機，使她可以用聽與觸覺辨公。此處還有視障者點字式字母卡，讓非視障者可以學習。有多種模擬視障的眼鏡幫助非視障者理解視障，更理解其個別行為與需要。

要考量視障、聽障，注意安排不同群體的活動時間降低相互干擾，並搭配相關專長志工。一般活動早上九點到下午三點，視聽障活動下午四點，各種志工訓練下午五點。筆者最近去的那次，雖未看到大群視障長者，倒是遇見不少聽障長者。下午這裡人少，他們由兩位懂手語的牧師帶領，進行生活分享交流的支持團體活動，都沒聲音可是手語和表情好熱鬧。沒人覺得他們奇怪，他們也不會被其他人干擾。他們還一一拿詩歌本一起唱歌，因為不把所有聽障當成完全什麼功能都沒有，他們樂意，何妨？

**2 各取所需空間**：一樓大廳分商品區、手工區、餐飲預備區、休息談心點心區以及獨立談話區。五區中間正好是上樓旋轉梯，有效自然隔開。和丹麥失智日間照顧中心以及挪威老人活動中心一樣，這裡想到如果設計為有難處的人來訴苦或者找浮木，就要有隔音或獨立空間的地方，比較不受別的活動的視覺、聽覺甚至味覺干擾，談話群體專心，訴苦者可以感覺到更受尊重。因此，選擇最角落位置，設計幾個如帳幕的空間。有家庭照顧者、或經濟、或別的困難的人，可以在其中。也有的本來是來打毛線或做活動，臨時發現有人要談事情也有地方可去。或者希望學手機等科技的，可以在那裡慢慢的講。臺灣有些全新的「照顧咖啡」缺乏這種獨立空間，而是一大空間。以我們容易八卦的文化和顧慮，可能影響某些人使用意願。

讓人各取所需重要，但另一方面，「祖母俱樂部」核心工作人員意識到，因為資源有限和希望大家能一起的本質，他們希望盡量讓不同對象服務能整合於一個地點營運，而不是新移民一個、老人一個等，這樣更能加速彼此理解。請的設計師也要考量這種精神，讓不同的人願意來此參與。看來不大的空間，居然可以容納五百人一起活動。

3 **生產創意多樣**：「祖母俱樂部」並不仰賴地方政府社會福利單位補助，沒有標案壓力，也不用配合上級製造亮點而忽略真正人的需要。用大量志工降低成本還有生產力服務外展。他們卯起來織地毯和開發各種廢物利用的裝飾品賺錢，目的在供應世界

▲ 老人活動中心所有籐椅都是盲人手工製造，人人可以對社會有很多貢獻，互相服侍，都被接納。這是芬蘭本於《聖經》的照顧底蘊（diakonia）。

許多地方貧困兒童。「祖母俱樂部」還有許多籐編搖椅和椅墊，都貼上「這是芬蘭盲人手工製造」，彰顯盲人也有很多能力也可以有貢獻，而且很有品質。

二〇〇五年時，這裡八十五歲長者，用幾塊廢布生產好些同一布偶，透過翻轉可變為小紅帽、大野狼、外婆，供應圖書館與各地小朋友教學講故事使用，廢布因巧手變為每個一千五百元臺幣對老人很有意義的商品，讓許多臺灣老人服務人員眼睛為之一亮。如今，這裡這種創意生產更豐富，一進門有一區是五彩繽紛的商店區，而且臨街櫥窗可以看得到各式各樣手工品，卡片、繪畫、吊飾、毛衣、襪子、手套、地毯、鑰匙圈，還有瓶蓋縫製的迷你帽子。志工依娃（Eeva Liisa）解釋，「排列掛出的方式還考慮讓消費者容易選擇，讓人來此用老東西創新，來買的人也發現新東西，讓人人日日有新意。我也會老，需要人的幫助。沒有人知道明天發生什麼事。我們努力幫助人，讓更多人當下得到快樂」。

或因人生閱歷還是幼年養成的美學素養，這些物品有很多原料組合，可能變出艷麗精緻的產品。不但美麗，還要負載多樣文字訊息祝福人來加值。一年這小帽子可能專案計畫供應醫院兒童病房之用，僅小帽，一個賣三歐元，二十年賣到三百萬臺幣。還有些生產不在這活動中心，而在老人的家裡，定時送來成品。很多人捐各種毛線、捐各種原料讓長者使用。有一部分長者已經來做很多年，一起做就像老人一起吃飯比較不寂寞有朝氣一樣，所得分別用於兒童醫院，也用於雇用年輕人（約一個月十八人）去陪老人就醫外出活動。實用衣襪除了出售以外，也直接供應戒毒、新移民等，感受到城市友善有愛。依娃說，「給襪子是給溫暖，也給人靈魂溫暖，這是不變的芬蘭傳統，想想也許臺灣祖母也有傳統會給兒孫什麼貼身物表示溫暖」。

4 **重視參與潛力**：每天上午都有活動，除手工還有新知短講。拜訪當天點心部分由退休麵包師傅製作，其他能做精緻點心的長者很多。輪流負責預備咖啡、紙巾，很美麗。那麵包師傅當日帶來甜點後，自己跑去負責彈琴，製造愉悅的音樂給大群製作手工品的長者。樓上是辦公室區，中午休息時間有幾位男性負責換辦公室掛鐘的牆釘與時鐘電池以及窗簾。筆者問是退休水電業者嗎？對方說非也，他認為很多工作能幫忙就幫忙，其實這只是此活動中心志工系統的縮影。事實上此中心常態媒合上百志工，老少兩兩一組在該市外出協助長輩換燈泡、掃院子、修輪胎等各種人老了實在不便或個人失能難以處理的家務。兩兩一組避免糾紛增加信任，也促進世代溝通。以往高齡男性不如女性活躍，各國皆然，也都在設法改變。這些用到體力和組織能力的服務也讓很多老男人有新舞臺。

「祖母俱樂部」原始目的是招募志工去減少孤獨的人，尤其在家裡和住機構老人。服

▶這裡老人做的產品不是複製一個模子，而是人人用自己的想法，所以幾乎樣樣獨特。

▶老人到活動中心一起做有市場需求的手工品，動腦動手交朋友，交換社會新資訊，還有產出幫助社會需要的人。

務很多樣，較新的例子是整個家庭來服務，例如有兩歲小孩隨父母去機構讓老人快樂的不得了，幼兒也成了志工。此外，服務者也有輕度失智的。但因角色多樣而有支持，所以大家可以選擇最想要的，這與把失智長者安排到第一線幫人點餐、送咖啡進行營業性服務業的壓力，要消費者接納、忍受、欣賞失智老人的「照顧咖啡」不同。倒是此地培養很多志工知道怎樣帶領、陪伴失智老人外出。因為失智或沒失智老人，不敢出門而孤獨在家越來越孤單，是地方的挑戰。社會無法期待按時服

▼ 祖母俱樂部按著人不同能力和社會不同需求媒合服務，長輩幫人置換燈泡與時鐘電池。

務的居服員、居護師提供更多時間聽老人說話或出遊。但已經做到居服、居護和志工能交換服務紀錄經驗，如發現老人跌倒轉知「祖母俱樂部」主管與專業照顧者協調後續照顧安排。

5 **人性服務研發**：「祖母俱樂部」若用老人服務研發中心來描述不為過。有對外開放想當志工的民眾來參加的常設會議。不同服務部門的主責者一一上臺簡報自己那部分的現況和招募期待，然後民眾詢問。雖然芬蘭是世界傳輸科技發展先驅，也的確大量使用科技於服務，但因為志工未來要和人一起共事，通訊還是不能取代人，民眾提問也帶來創意。

如近十年，該市人口增加，許多外地人（包括臺灣留學生）初來此地不認識人，有新移民，還有獨居的人也多，所以，「祖母俱樂部」創設廉價的「開放午餐」活動，讓更多人不需要特別理由，有地方可以和人互動。保有社會接觸，在寒冷的芬蘭，降低憂鬱人口。[2]

2 請參見：https://tampereenseurakunnat.fi/sivustot/teko-hanke/in_english。

另外，教會人士看到有些人需要餐食，但不一定願意來「祖母俱樂部」或公開場合。設計送餐巴士，事先設計餐券，先講好什麼時間在什麼避開人潮的地點送餐。參與服務設計的教會主管伊卡（Ilkka Hjerppe）解釋，「這樣，需要的人可以掌握時間去那裡領取，避免面子問題保有尊嚴。然後教會在那個場合有更多資料供領餐民眾理解，如果有其他生活問題，若他們樂意，可去那些地方求助」。幫助者也可以有更多機會知道到底生活困難的人得到的幫助是否周延？「祖母俱樂部」不倚賴政府，反倒政府有時請他們協助。伊卡等人曾用這些服務於兩週內社會救助該市兩千人之多。

如今「祖母俱樂部」除了所在地點活動不斷，幾乎也成了全市許多安養機構的外展服務樞紐。有些志工負責讀報、帶猜謎活動，甚至還設計輪椅陪老人去洗芬蘭浴，這種對芬蘭人形同國浴的活動。從以上多樣故事回頭看臺灣發展中的「照顧咖啡」，讀者是否感覺到還有無限擴充願景？和哪些人合作？造福哪些人？讓哪些人發揮能力？臺灣還可以靠這些方式開創多少開源節流的服務？

▼ 老人服務中心室內和外展服務非常興盛創新。主責者顧美雅（Maria Vuoristo）承接時二十五歲，其他芬蘭出色機構主管也有些二十幾歲。這對我國上千個據點營運也是啟示。未必都是護理、社工背景，也有服務設計和關顧專業者，提供多元思維與平等、尊嚴、參與的人味。

## 1.4 發揚利他的北歐教會二手商店

二〇〇四年筆者在丹麥第一次看到教會二手商店，例如融化舊蠟燭來製作蠟燭，或舊衣物和玩具。那時覺得新鮮，後來才知道，這種環保和收集物品來銷售以求資源支持服務和宣教的做法已經有快兩百年。也就是說，早先興盛於北歐，為了福音緣故而開的這類商店起於物質並不富裕的年代。這是敬虔的人們回應重生的一種生活風格。在乎別人，不願看到別人受苦，希望貢獻己力於此。

二〇一四年後多次在芬蘭也看到相似的店面，以手工利用廢棄物品來重製裝飾品，也有捐贈原料如毛線，來織新衣物甚至合織地毯幫助本國或他國民眾。二〇一九年在挪威更開眼界，一個差會就有五十一家連鎖二手商店，平均一家年淨收入五百萬臺幣。這些店有人家捐出各種生活用品，包括燈飾、餐具、書籍、玩具、桌椅、節期用品專區等。有的店面佔地超過半個籃球場。每天早上開張時，店員還把許多大桌上的燭臺

▲ 店內有附近民眾捐贈各種可賣的物件，經收集分類使視覺更美觀。

▲ 用閒暇時間製作手工藝術品拿去教會義賣是北歐傳統，因為《聖經》說「個人不要單顧自己的事，也要顧別人的事」，幫助被忽略和受苦的人。

點燃，很有氣氛。

這幾國的教會二手商店多半由退休老人經營，他們沒在家裡發牢騷或老是談生病，而是珍惜善用還能走動的身軀與還算清楚的頭腦，兩兩一組排班，一部分在櫃臺，負責收銀和幫顧客找東西；還有些在倉庫，幫忙整理捐來的物品。

許多人退休失去職業身分和職場人際，在這裡發展新的社會連結，繼續感受到仍然屬於社會而不疏離。排班方式維持有參與卻無趕場面對老闆的壓力。動頭腦幫助別人也是一種祝福。這類店面還有規則，店員看到新進貨品，即使喜歡想買，

▼ 老人在收銀臺排班服務，自然有社會接觸和動腦，維持身心能力。

▲ 二手福利商店營運模式必有沙發讓訪客可放鬆交談，尤其發現需要關心的人時可引導來此自在交談。

也要登錄先上架一天，才可以買，這也是樂趣。

由於年歲高有生活閱歷，看得懂捐贈物品的價值，也學習怎樣擦拭修復，然後變為可用、有序的擺出來。放眼望去亮晶晶，五花八門，成為許多城市社區很多人去逛的地方。

每個店面因參與長者的想法而有各種陳設方式。但空間配置有共通點，就是一定留有一區空間擺設沙發、點心、咖啡，讓人可以休息或談話。

這是設想到，可能社會上有些有難處的人不願啟齒，或者不曉得該找誰幫忙，缺乏社會連結，可以不期而遇的逛到這裡。如果當班長者憑經驗看到這樣的人，可以友善的邀請聊天表示關懷，但又給對方空間。這是一種愛鄰舍觀念的落實。

每次看到長者兩兩在櫃臺，少數有些手有點發抖，但還是相互支持一起服務，就想起《聖經》說差派使徒兩兩出去，或說要往普天下去傳福音。其實，兩兩出去或往普天下去，也未必只有在百貨公司前發傳單。若是在人們生活圈預備好地方，接待願意來的人，也是「普天下」。

老使徒也許不易再遠走天下跋涉奔波，在這離家就近的店面還是可以發揮能力活出福音。而且這樣接待人很自然，經過人生風浪的長者還能在這裡服務，都有人生勝利的感覺。他們不急，有時間，願意聽人說話，除了買東西，還讓有些中年人得到支持安慰。

這種店誰光顧？都是老人嗎？其實年輕人也來，因為以前物品風格和材料實在；新移民也來，因為可以認識文化、透過交談融入社會有安全感，也實際的買便宜用品；還有從事老人日間照顧與機構帶活動的也來，來選購懷舊材料；還有一種人也來，就

▲ 二手商店讓許多長者有自然的空間與機會繼續參與社會。左方是曾在臺灣服務的歐恩美女士，右方是她的牧師朋友，有帕金森氏症還是可以在此服務。

是無聊的人，因為來這裡很自然可以與人互動，對寂寞孤獨的人，這很重要。

北歐這些基督教文化的國家，行之有年投入這種服務，已經專業化，還有物流車。那服侍的本質總顯露於空間和人的互動。一代一代，有創意也有榜樣，還發展到連鎖經營，儼然是一種社會企業。

當然，這和純粹賣衣物、電器的舊貨攤還是不同。教會二手店的店員不是來搶生意，也不只用生意看訪客，也不會和不需要像機器人一樣喊歡迎光臨。因為這是接待人的服務，讓人與人恢復本應有的關係，並齊心將所得用於祝福人的事工而非拚業績。

現在臺灣老人越來越多，健康的老人不少。他們該做什麼，既不被嫌與年輕人搶位子，又能有生產力？或維持社會連結又能服務別人？教會需要資源來服務被政府福利制度忽略的人。環保問題越來越嚴重，有些教會也會舉辦跳蚤市場，但偶一為之。因為欠缺人手，或許還要學習怎麼經營。

若是看到這類商店的策略性潛力效益，或許也可以著手發展。至於從教會募集資源的角度看，若我們把握這種商店的本質來思考評估，和一窩蜂的想開咖啡廳、餐廳，以及拍攝微電影放社群媒體相比，這是另一種選擇。

## 1.5 多重效益的挪威社企二手商店

在挪威西部Sola鎮從市中心公車站、大超市等商圈往住宅區路上，有個櫥窗內貨物很顯眼亮麗的商店。每位路過回家的人都會經過，很多人都不免看一眼。一進去，空間很大，佔地超過三分之二個籃球場，裡面五花八門什麼都有。不過，擺設方式很細緻有品味，不會弄得如髒亂倉庫，而是好像一個博物館一樣。

這是一種由銀髮族經營，專門銷售二手商品的連鎖商店，挪威語稱為Gjenbruk。這類商店在北歐基督教文化傳統的國家已經有百年以上歷史，用以籌措經費支援海內外社會服務。不是純營利，更不是專門收集遺物拍賣。而且在挪威還沒有發現石油，社會還窮困的時候就已經很發達。臺灣的屏東基督教醫院等許多在臺灣醫療公共衛生歷史很有貢獻的服務，也有許多資源來自挪威的這種捐助。

挪威隨著不同的基督教服務團體而有多個二手商店系統，而且經營內容與服務方式不斷在演變。早先是某些季節像跳蚤市場一樣臨時擺攤，後來變成有固定店面者，要看每個地方房價與經營者想法。筆者拜訪的這家店屬於挪威差會（Norwegian Missionary Society）。

隨著人口老化，現在這種商店具有多重效益。包括支持銀髮族參與社會貢獻所長、鼓勵社會節約資源互通有無、不要只想到自己而應把眼光多用於顧念別人、讓社區無助和寂寞的人有個很好的理由可以去增進人際關係和紓壓的地方，甚至有文化藝術價值。有些老人活動中心和失智照顧機構的活動帶領者，甚至會定期來這種店找可以用來帶懷舊活動的材料。

克莉絲汀是Sola這家店的店長，她和三十五位退休民眾一起排班經營，他們從六十歲到八十歲都有，有牧師、老師、會計師等各種職業的人。退休前許多人在教會就很熱情活躍，現在轉來這裡幫忙。考量到來顧店對老人是樂趣和服務，而非業績壓力或勞力負荷，還要保有生活彈性自由，所以每四小時一班，每班兩人。一位負責前場，另一位負責在倉庫整理進貨。

▲ 老人顧店有些擺設未必方便，顧客伸出援手。

物品種類非常多，不斷有新貨進來，長者要負責清潔，還要小心別碰壞了。通常排班一排就是半年的量，有的人一個月好幾次，也有的因為要度假而少一點。所以如果一個月來當班一次，可能發現多了好多新東西。顧客問，還得幫忙找一找。

三十五人各有豐富人生經驗，正好可用來認識貨品並做適當整理，邊整理邊討論也是樂趣。顧店當然要天天算錢，這也在練頭腦。有些貨品是非常美麗的藝術品，整理就好像逛精品店。雖沒說這是專為增加生活刺激，實質上比待在家裡看電視或長期一人發呆要有趣的多。

來做這種工作都是志工，兩兩一起工作，碰到如燈架之類的整理還要相互幫忙，這很有助增加互動。因為店員多半是女性長者，有時比較重或比較高的貨架，可不希望摔下來，會請來訪男士幫忙。大家很高興一起努力幫助人。

在挪威，許多人退休就失去大量社會連結，失去職業還在時的位分，又很寂寞。總不能因為找不到歸屬和互動的人就上街隨便找陌生人解悶。所以這種二手店是除了老人活動中心之外，很好的互動機會，並不是所有人都喜歡去老人活動中心參加那裡的活動。這種店給了很自由的社交機會與空間，又沒有壓力。

店面設立目的良善，很多人願意支持，經常可見店面營業時間，忽然有人跑進來二話不說，把東西往櫃臺一擺就走，這是來捐物資的。他們信任這種店面會妥善用於幫助別人。如果有人有不少東西在家裡，不方便搬，或者居住地點比較鄉下，二手店用營收買貨車，再排班請人開車去收，或者請租車公司幫忙。但無論哪種，都不會向捐贈者再收運費。

通常貨品進來再標價出售時會查閱網路瞭解全新多少錢，然後以新成品原價的半價訂價。以挪威物價是臺灣的五倍到六倍之多，二手用品對需要的人頗有吸引力。店員茱蒂表示，後來還模仿美國人的黑色星期五，創造綠色星期五為促銷日，以刺激消費。

由於什麼貨品進來都先經過店員，自然他們比顧客更先看到好東西。為了維持商店品質，顧及消費者，又顧及鼓勵志工，要先讓貨品標價上架一天後，志工才可以買。若干捐贈者也很有趣，捐了還會好奇到底標價多少錢而跑來逛。雖然他們不能決定價錢。

曾經有些老人感嘆自己視如珍寶的皮包，在年輕子女看來不值錢。因為年輕人覺得太老氣，堆到最後若丟棄又難過，就拿來這裡捐賣。不過慢慢的潮流也在改變，又有另一批年輕人專門喜歡買祖父母年代風格的家庭用品。所以這種店又有了新客群。

有些餐盤等已經絕版，卻是公認當年最實在的商品，就還有一定行情。現在凡是一九六〇年代的東西有些人特別喜歡。顧客比優那女士說，來逛、來買就是因為這種店的多樣性和多種風格的東西都有，找喜歡的風格就是她想來的動機。

當然也有實用取向的顧客，年輕的提姆夫婦來找搭配的燈罩，總算找到滿意的。這樣幫老燈找搭配合尺寸的燈罩，在一般新品店還不一定有這種服務。他們還發現一幅喜歡的金燈台油畫，還要想想掛哪裡，但實在喜歡，先買再說。

由於這種店本來就是為了幫助人而成立，所以選擇店面後銷售不需要繳稅。克莉絲汀說，也因為得到這種尊重，客人買單之後，店員會拿各種包材或是備有印有店面商標的塑膠袋來打包，不可以向顧客收包裝袋費用，因為只要向顧客收包裝袋費用，這種店就形同一般商店交易，那就要抽稅。

這些店本於原始助人理念，除了所得聚集幫助人，店面空間設計有共同特性，就是除了貨架，一定有一區舒適的沙發談心空間，稱為「服侍善工空間」。這是源自教會的理念，想到有些人生活有各種難處，不一定有人可以傾訴。這個空間就預留給萬一店員發現有人來店，其實是想找人訴苦或者想解決問題，就會邀請到這區談心。

店員茱蒂說，有段時間她常看到有位斯里蘭卡來的婦女，路過店面且一直徘徊。多關心這女士，才知道先生過世，平時很少有朋友，這使得茱蒂等長者可以幫助她。對有

▲ 這兩位六十年前來臺灣服務的宣教士 Dagestad 夫婦拿起老照片回顧。他們當年也是因為挪威人集資才能到臺灣，幫助小兒麻痺等各種弱勢者。

信仰的店員來說，付出時間顧店和付出生命與時間給有痛苦的人，是一樣的價值。另一店面也曾看到有些顧客在店內東走西走什麼都好奇，要是店員有空也會寒暄，往往徵得對方同意請來沙發區聊聊，會發現更多可以幫助的私事。

除了店面都有談心區，各店面陳設方式會因參與的長者們而各有特色。這種二手店很重視運用老人才幹，例如有非常好的毛衣只是一點點破損，有擅長織衣的老人店員拿回家補一下就很好賣。

克莉絲汀本人退休前專精裝潢設計，所以其店面格外重視擺設。到底怎麼擺商品才協調又有效運用空間，而且讓人來這裡真感覺到樂趣，她有很多貢獻。許多要賣的桌子上都搭配燭臺。每天店面一開，她會點燃一些，遠遠望去很有氣氛。

她回憶一開始經營這店面時一無所有。那時剛有人捐物資，她就已經想到櫥窗行銷，吸引人來店，所以每次一有新貨，若認為很有吸引力，就會擺到櫥窗，讓路人容易停下來參觀。例如精緻的手工木刻雕飾，這不容易從網路查到價錢，但品質很好，或者銀器燭臺，還有蘇聯製造的手搖迷你縫衣機，看來如玩具，其實不是模型，是真的可以使用。後來克莉絲汀買下當作給她老闆依那的生日禮物。因為她知道依那喜歡，卻不知道這麼巧這裡有。

其他貨品依照類別擺設，從一進門有廚房用品、吊燈區等各種生活用品。之後還有玩具區、畫作海報區、手工藝術品區、書籍區、蠟燭區、聖誕節期用品區、各種燈罩、手套，接著是許多古典梳妝臺、衣櫃、皮包、飯桌。

▲ 為社會福利募款的商店其內部可設計成各種方式，整潔、溫馨、有趣、有美感、容易尋找物品，是共同特色。

有些木製品材質厚實，當年花很多功夫製造。現在家具根本不可能再用那種木頭或那種人工製造，大賣場更不可能有一樣的，所以還是有行情。最後一區還有滑雪鞋與相關用品。這家店考量整理費工、空間利用與整體視覺等多種因素，並不接受大型電器，也不打算開設衣服區，家具太佔空間也要有限度接收。

但其他差會的店面則有衣服區，有許多禦寒衣物質感很好，如果尺碼相符還真是賺到。甚至各種二手皮鞋區，這則要看顧客喜不喜歡。要是一直沒人喜歡也成了佔空間麻煩。店員會考慮再降價，或者裝大貨櫃車送到東歐去賣或捐。

為了方便人們捐物資，又要考慮店面安全，有些物品現在已經考慮如何陳列，例如菜刀。有位店員瑪莉牧師，覺得完全開放擺設是一種誘惑，讓人可能在店面發生危險。建議要鎖在一處，有人要買才拿。

和克莉絲汀同樣的二手店已經開到五十一家，一個店面一年可以得到五百萬臺幣左右的收入。店面數量還在擴展。倒不是要和誰拚績效，而是在人口老化、孤單人多、家裡要清理雜物多、希望提倡簡樸生活、公共社會福利資源越來越不足以因應需要時，這種二手店可謂社會企業中的社會企業。因為多數人向社會要資源，這種店創造資源。

臺灣許多地方政府近年只要開長照或老人照顧等會議，總提到資源不足。除了改善制度善用公帑，這種廣佈又有良好社會形象與公信力的二手商店，或許也是未來一種開源選項。

## 1.6 創造體驗與人際的挪威社交共餐

住在挪威西部史塔萬格的俄國裔民眾塔勒馬（Tamara）女士剛生小孩，來到大賣場樓上引導她所創造的社交共餐活動。主要有三類族群參加：親子、企業團體、銀髮族。

只是邀大家來學做飯和吃飯，就可以成為社會企業？是的，這是塔勒馬已經經營五年有成的一種活動，幫助很多人學做飯，更重要的是，促進許多民眾的人際互動，使人與人有更好的關係。這正是五年前塔勒馬興辦社交共餐的願景。

塔勒馬認為，學習做飯是一種輕鬆自在的活動，很有潛力加值發展成一門事業。若提供不同文化的飲食，讓民眾得到新體驗、新知識、新互動，這種活動可以對逐漸冷漠的社會提供溫暖元素。

她聯繫各國移民到當地的人，這些人有的是職業廚師，也有的擅長烹飪，但本職是在當地企業界服務，答應來客串。就這樣，塔勒馬開出二十多國的烹飪班，從每週一班到現在穩定的每週兩班以上，提供大眾參加。民眾繳兩、三千元臺幣（挪威物價是臺灣五倍到六倍之多），加上最少六人組團，就可以成行。

這構想似乎打中社會需要，而且越來越豐富有趣。以最近筆者在場觀察參與的兩場社交共餐來說，第一場來自石油公司希望找合適柔性的教育訓練活動，幫助跨部門的員工能夠更熟悉彼此。該公司來與塔勒馬接洽，塔勒馬提出「團隊建立」（Team Building）理念，石油公司接受了，並詢問員工希望學做哪國菜，於是安排員工參加一場印度菜的烹飪班。

當天傍晚石油公司一群員工下班來大賣場樓上。先享用小點心和飲料，然後人人穿起圍裙，搖身一變都成廚師。這層樓賣的多數是餐具與清潔用品之類。挪威公司行號這時多半已經下班，賣場樓上也是。所以學員要穿過打烊的長長貨架，才能走到最角落的社交共餐廚房（好像沒有人在討論怕賣場東西被偷的）。

實際上這廚房是開放式的，有兩組烹飪臺，可以同時供應多人練習操作。賣場打烊了，這廚房沒閒人、沒廣播音樂，不容易受干擾。

學員分組，然後每組有個組長，根據烹飪老師提供的菜單，開始備料。由於是大家不熟悉的菜餚，所以很多香料和切菜方式有別一般挪威飲食，更不用說後續的烹飪程序。

老師一個一個程序教，學員們就要按組一起合作來遞工具和材料，並且注意控制每一種材料的重量比例組合時機。接著下鍋，這時大家才見識到美味可口的菜餚製作過程有些繁複。例如咖哩雞腿，調味、送烤、再調味、調醬汁、出烤箱再淋醬汁等。簡要說是如此，實際上細節動作

▼ 共餐活動邀請許多國家的移民，分享各有特色的餐點。許多挪威人愛旅行，在這裡可吃到懷舊外國菜也學習新的外國菜。

很多。在平底鍋調醬汁，有檸檬汁與酸奶，怎樣下油，還要多種香料先爆香才下後續醬汁，也是要很專注跟著做。起先看不出名堂，直到後來，和雞腿一起，美味美觀的成品才現形。

老師還強調，是雞腿淋醬汁，不是雞腿放到醬汁裡。這有什麼差別？不都一樣是吃下去嗎？大家要想一想。或許是口感、層次感吧！反正除了老師強調正宗以外，你掰得出自己滿意的理由就好。

做完需要多量醬汁的菜，還要自製餅，可不是包菜夾著吃的，而是沾著吃。換言之，口味不同於挪威菜，還有吃的方式，甚至說吃的儀式，也是不同。大家都沒經驗過，所以誰也不用笑誰。這是全體都不用擔心挫折的活動。忘掉辦公室的專長與職位，乖乖快樂當一晚廚師就對了。

老師還調製有香料的乳酪飲料。調味之前，把多種香料一把抓在手上讓大家聞，有的學員沒聞過，皺眉頭。可是老師一起搗碎灑在飲料表面，又是另類香氣。這就是驚奇有趣的經驗。

挪威因為不少人有出國旅遊經驗，再加上從小教育很有國際觀，間接也提供這種跨文化共餐製作的市場舞臺。石油公司這群人做完菜，一旁有長桌，大家一起享用。到底有沒有達到跨部門增進彼此理解的原始目的？這時好像沒有人在討論這個問題，更沒有人在這時前後測。有些人則表示，其實在挪威職場文化，即使有領導者，也不是一人下

◀大家做完菜一起品嚐。這是群體社交的機會，除了學習烹飪，認識更多朋友，知道別人的想法。

指令，他人聽命令，而是平等溝通方式為主。所以往往不那麼容易看出誰是領導者。甚至有時不需要明確的領導者，大家也可能一起完成工作。

多種不同香氣與口味，加上合作創造的成就感，形成很好的氛圍，大家飽餐一頓自製異國料理快樂離去。至少一起創造一個美好記憶，下次在公司見到曾社交共餐的同事，看到臉，腦中香，味覺啟動，也是美好。

另一晚，全是銀髮族來了。塔勒馬的行銷不但觸達企業教育訓練，也涵蓋老人活動中心。有個經營有成的老人活動組織 Skipper Worse 旗下有上千老人，平時去活動中心運動、社交。這群退休但還很健康、活躍的老人也組團參加社交共餐，而且他們當中有些人退休前就喜歡旅遊，退休後也熱衷。這造就了東南亞餐點烹飪班市場。

塔勒馬請在電腦公司工作的程式設計師來教越南菜，包含紅燒肉、蝦醬炸吐司等。參加者有很多初老男士，有一位說他沒有嚴重的經濟壓力，提前退休，他感謝當老師的太太四十年來為他做飯，他要來學做飯，這樣可以服務還在上班的太太。其實他太太也來學。接下來到底誰服務誰難說，但至少是個愉快的共處。

▲ 許多資深男性民眾來學習，有些增加自己生活食慾，也有的服務在廚房忙幾十年的太太。

還有的長者去越南旅遊過，認為越南菜南北不同，特別來學以前沒吃過和以前懷念的。現在全球化交通發達，在挪威也可以買到不少東南亞料理的香料。塔勒馬也會看情況補充，現場要什麼有什麼。

這次做的越南菜烹飪前調味沒有前場印度菜複雜，不過菜單要很仔細看，有三張不同菜的原料單，可別弄混了。他們感受到，什麼事真的做和在一旁看別人做，或只出張嘴不一樣。

正如後來的調味、剁餡，以及裁切吐司，還有炸肉等。對很多平常不常做飯的老人，有的拿下老花眼鏡看個仔細，還有的分工打蛋、灑芝麻，都希望動作俐落。還有的好為人師或有不同切法意見的，大家研究到底怎麼完成。

老師來來回回，還要控火，你說的中火和我說的中火可能不是一回事。終於完成，老師還要示範擺盤。然後與前場一樣，全體到長桌共享。

由於人口老化，越來越多人孤單或者配偶有一人先過世。這種社交共餐成了生存方法學習機會。先前在丹麥老人大學也有這種目的的課程，不但學做飯還學新的環保衛生知識，以及新的烹飪工具和方法。在臺灣，銀髮活動也有共餐。多數是有些人樂意一起做飯，供應其他社區老人來用餐，而不是常常一起學新菜。不論丹麥還是臺灣，像塔勒馬這樣提供許多異國餐點共學的共餐方式還不多。後來開發更多不同客群，有的家庭慶祝生日也用這種方式辦活動。因生意越來越好，現在她還有共事夥伴幫她顧場子。

或許又有人要問，塔勒馬模式適用臺灣嗎？可以複製嗎？問題在為什麼一定要複製？或者花那樣多時間探討可不可以複製？如果不是為了快速找個政績亮點，其實比較值得省思的是塔勒馬的原始心意，和她可以彈性的和客戶對話，變化出更多新服務。

如果從近年社會企業和產業流行的商業模式圖來觀察，塔勒馬的社交共餐創業，的確在模式圖每個空格都能填上有說服力的元素和論述。

她觀察到社會變化，她有一份關懷的心。起於一種價值，然後嘗試著找方法來實現夢想，自己快樂，也以服務回應社會需要。而且能夠選擇適當的地方、時機、內容，讓業務生存下來。

▼ 異國料理不單口味新鮮，製作過程也是生活新刺激。

由此看來，我們要不要複製不是重點，重點是學到關懷顧念的心，不只坐觀，或僅止躊躇猶豫，而是勇於找方法而且實踐。臺灣南部曾有奧地利人受邀在老人關懷據點嘗試類似活動，帶領老人做奧地利豬排，這也是很有異國特色代表性餐點。但奧國廚師要透過翻譯，後來反應還可以，不過並未如塔勒馬的活動有這樣多迴響。也許訴求對象是比較鄉下，對新事物興趣不同有關。若在臺北市辦，可能效果不同。塔勒馬辦的活動，廚師全部都是可以直接用挪威語互動，而且能回應學員問題，能很流暢的指導學員。簡言之，就是很能溝通！

塔勒馬原來主要工作是辦地方音樂季等活動的策展人，一直在學習掌握市場和行銷。當節期藝術活動有間隔時，她開辦社交共餐，讓史塔萬格帶來活力元素。讓更多人從烹飪得到趣味，從過程趣味中享受當人類的社會連結與互動樂趣。

或許對臺灣已經有的共餐，「如何從過程趣味中享受當人類的社會連結與互動樂趣」，把共餐視為價值加值媒介，很有些想像空間。

# 1.7 重視受贈者自尊的奧地利手工義賣

在奧地利加爾諾伊基興（Gallneujirchen）這個石器時代就有人居住的小鎮，一個社會服務組織的餐廳，幾位退休長者擺攤，在義賣各種回收布料加上巧思再製的生活飾品與用品。一旁有很多人在用餐聊天，人聲鼎沸。屋內牆上四周是巴西照片，有美麗海灘，也有雄偉建築，但也有貧困的街景。

手工藝和一般長者製作手工藝品相較，共同點是都運用了長者人生閱歷，能善用資源，包括廚房用的隔熱手套，還有枕頭套等各式實用品，但其中有一部分則別具巧思。有些手掌大的薰衣草香包，用了各種花樣的廢布，能放在車上、枕邊，還有的做成小領帶。共通點是都別上很小很小如成人拇指指甲大小的小娃娃。看起來很不容易製作，因為這麼小，卻樣樣結構都有。原來，這是有故事的。

有一位長年遠赴巴西工作的奧地利海外社會服務者年長後得了癌症，從巴西鄉下搬到都市醫院療養。就在這外表現代化的都市，她看到其實還有難以想像的貧民區極其落後。很多小朋友沒有洋娃娃，甚至連基本飲食都缺乏。她希望發起募款活動來支持改善這裡的兒童與家庭生活。因為她很清楚，不改善，兒童後果很淒慘。

但比起只是一直送錢，她覺得要幫助人，要顧及人的自尊，而且長遠來看，能鼓勵受助者共同參與更可帶來成長，產生自立能力。同時，她以正向眼光看待弱勢族群必仍有潛力，她發現此貧民區有些人會製作迷你小娃娃，因為買不起大洋娃娃，所以這種迷你娃娃特別昌盛。

▼ 奧國人從小重視品味美感，老了製作海外服務義賣品也是如此。

▲ 長者各有所長，許多人累積一輩子經驗。這兩位擅長木工，變化很多。

於是，她與當地能製作迷你娃娃的人合作，請他們製作，然後寄回奧地利，由奧地利退休婦女加工，做成香包，變成合作產品。對奧地利民眾來說，迷你娃娃很有異文化特色，最終，成了有迷你娃娃記號的花布剪貼縫製的香包，很多人喜歡，當大家買的時候，也紀念這些貧困地區的人。銷售香包所得，用來捐助巴西家庭。

這個定期擺出義賣品的空間，其實也是個很有特色的簡餐餐廳。主要賣很豐富奧地利當地農村食材的典型奧國蔬菜湯。廚房都是老年志工預備飲食。用意是定期與這鎮上中小學合作，也邀請一般民眾團體，大家來此用餐，聽取巴西故事，當訪客喝到美味的湯，解說者會告訴訪客，在巴西貧民區和訪客一樣年齡的孩子，無法享用這樣的湯，也沒有像奧國孩子這樣幸福有各種洋娃娃。希望大家幫助巴西家庭，能有一樣的生活。

所以，喝湯，變成設計來體驗

▼ 餐廳賣湯，鼓勵大家同理飢餓的人給他一碗湯是如何溫暖，從感同身受而更理解捐款的意義。

同理的素材。比起飢餓三十那類負面體驗，和試圖用比較刺激的方式強加印象，喝湯是另一種柔性設計，讓孩子在安全感中願意去想像、思考缺乏的人的處境。而餐廳利潤也用來捐助巴西家庭。

這種視覺、嗅覺、觸覺、味覺、聽覺一起的同理加募款活動，鼓勵理解，也鼓勵小孩從自身環境學珍惜，甚至收集家中不用的布料和其他還能再用的廢棄物，支持長輩製作小飾品。最後結果是，援助巴西家庭成了鎮上全民運動。

▼ 社區長者支持海外社會服務，擺出平時製作的手工日用品與飾品義賣。

在這鎮上，不少人談起援助弱勢都有共識，就是盡量用讓受助者能參與、有貢獻、有投入的方式來進行，而不是讓有能力給予的民眾當姿態高的大善人。因為互助的本質是幫助更多人有自尊，而非養成依賴或僅成全捐助者的榮耀。換言之，就是活著的價值不是在贏過別人，而是不能忍受別人的處境比我不好，希望別人與我有一樣美好的生活。長輩縫製香包時，每看到一個迷你娃娃，腦海就想到遠洋彼岸如同孫子的巴西小孩，長輩還熱烈討論還能怎麼製作變得更實用可愛，製作起來格外有成就而感動，覺得生活很有目標。

這種利他價值觀的公民文化，在當地源於兩百年前的教會服務。如今服務擴及海外，又與時俱進發展新的同理憐恤方式，使這個小鎮變成民眾有愛，處處為人著想的地方。很多老人輪班投入餐廳服務和與巴西合作的環保手工藝義賣，他們的子孫看在眼裡，是很好的榜樣。因為不是用說的，而是活出這種生命。

# 1.8 芬蘭鄉村延緩失能

距離芬蘭首都赫爾辛基九十三公里的小鎮拉賽保（Raasepori）人口兩萬多人。芬蘭早已覺察延緩失能重要，像拉賽保這樣的地方要是在城鄉差距較大的他國，可能也是所謂偏鄉，缺乏資源與人才。可是實際上因為精確務實的政策和資源布局，所以落實延緩失能並沒有所謂滾動修正和跳動修正的困境。

該鎮的網站詳細說明所有民眾可以享有的老人照顧相關服務，做到資訊透明清楚。[3] 即使不瞭解芬蘭的外國人也非常容易知道到底有什麼服務，透過和誰聯繫，需要什麼代價可以得到。雖然有電話，但不用轉來轉去，而且可以直接寫封信給明確的收信者就解決問題。因為設計是真的從使用者的感受思考。

3 請參見：https://www.raseborg.fi/social-och-halsovard/。

和臺灣稍有不同，但是在北歐與荷蘭北部[4]甚為普遍的是，他們制度性常態性的設有預防性訪視服務。這與失能找人評估等級以便請居家服務不同。預防性訪視是超前部署，一般來說，針對七十五歲以上民眾，或者逢生日就由健康中心（類似我國衛生所）發問候卡，徵詢家訪，幫老人觀察身體、環境、生活必須和生活期待。從飲食、運動給予建議，知會資源，如日間照顧中心、記憶諮詢中心。由於人人繳稅，也都是國民，基於平等，若民眾拒絕，則尊重；若民眾不拒絕，則護理人員會約時間去訪視。

由這樣近乎地毯式的訪視，掌握延緩失能政策與資源來因應。除回應個別需求，大致上將受訪分三群，多重疾病者、亞健康、健康而且自己主動運動者。然後提供適合的延緩失能資源。表面看，這樣費人力，實際上可能省資源，因為煙火式、亮點式、片面式，或要不同的人制式參與的延緩失能推動方式，常重複觸及一部分與政府配合度高的長者，但很多真正該照顧的卻漏掉，最終國家整體還是難以節約資源創造福祉。

搭配以上訪視，需在家復健者，由物理治療、職能治療、護理三種專業組團協助。能外出者，小鎮運用老人支持型照顧住宅「海葵公寓」一樓設健身俱樂部，六十五歲以上的都可以來。包含醫師開處方的可以來十次，一般老人則用一次一點六歐元。第一次來，物理治療師會個別評估並全程講解器材。之後，老人可以在開放時間來。若非開放時間，民眾持有鑰匙者可以自行來使用，全鎮有兩百多位老人擁有鑰匙。包含晚上、假日，這是鼓勵、彈性也是信任。因為老人生活節奏不一，政府要配合他們，而不是他們配合政府（金門老人就是習慣晚上運動，地方寫方案一度被拒）。

4 請參見：http://www.samenoud.com/。

▼ 芬蘭社區老人運動站，晚上也開放，完全從使用者角度營運。使用者也很珍惜器材。

這裡器材多樣，設計穩固。俱樂部只有一位物理治療師，也不需要很多人力。六十歲的物理治療師很能與老人溝通。他說，維修一年一次，並不會常常故障。除了指導，還會觀察有特定需求的人，幫助他們。

例如有對夫妻，太太中風，先生一起來，都可以運動。治療師看到太太患側的手無法抓住器材握把，就想辦法拿輔具幫助她可以繼續使用。夫妻一起做，都得幫助也不孤單挫折。還有一位九十四歲的獸醫，專門來練腿。他知道要練多少重量和多少次數，這保持他可以在雪天避免滑倒。他說，自己得為自己的健康負責，這正呼應了超高齡社會的照顧趨勢。照顧將從事必躬親轉為支持老人自我照顧。因為教育程度提高，運動資源增加而且進步。

由上省思衛福部正商討未來延緩失能做法，方式要怎樣務實，避免灑錢無效流於形式，還要努力。過去有的方案結合午餐是好意，但往往大家吃飯才來，運動難以落實。或者地方團體提出的方法是否放行補助也屢有爭議。培養很多所謂指導師，但怎樣取得老人配合，滿足老人期待，能不害怕而積極的做，還要努力。

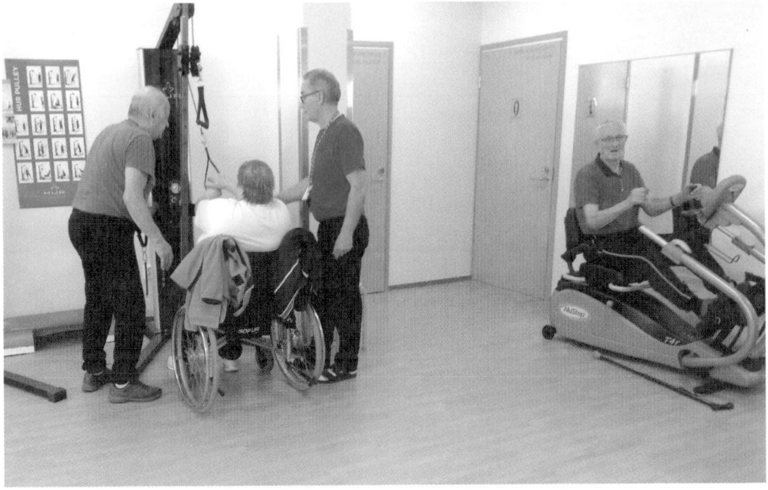

▲ 夫妻一起來健身。太太中風。物理治療師在旁指導，使太太覺得運動不孤單就更有動機。

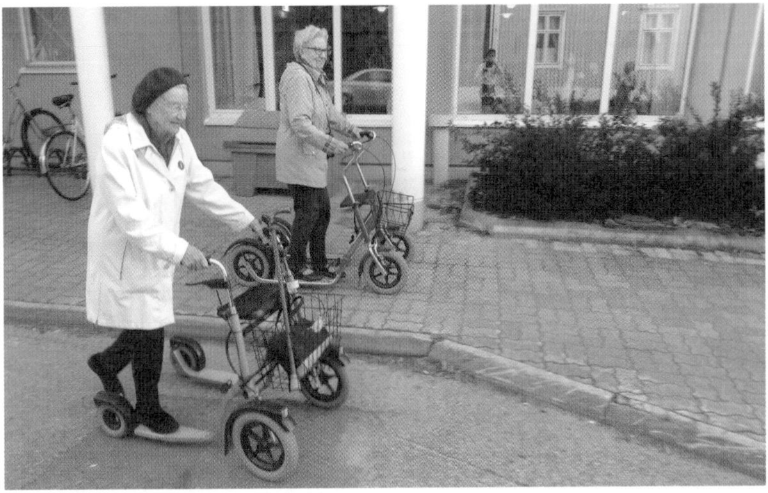

▲ 這兩位都九十二歲了。因為簡易助行器可以更安全獨立自主生活。他們就可以自在的外出參加聚會，這樣就不孤單。

近來又研議五十歲以上健身俱樂部。和過去三年一樣，到底是扶植業者，還是真的做整體性的有效延緩失能？這需要硬體，更需要精確的民眾現況數據和良好的健康識能培養，再加上可行且可近性高的服務，含流程與專業人才。而不再是買了昂貴器材不知道人在哪裡，然後為器材求老人來，送禮物湊人數業績。畢竟，超高齡社會要有效延緩失能才能永續發展。

## 1.9 奧地利失智聯合聚會

近年由於失智人口增加，教會開始重視失智族群靈性需要。但有些失智者可能無法如一般禮拜方式理解許多《聖經》話語和儀式。他們可能比一般人不容易控制情緒，尤其人多或者聲音多，甚至氣味，都可能引起所謂「躁動」。加了引號，是因為許多時候是照顧者不明白失智者的感受和他們的眼光怎樣看環境與人，因而導致他們以行為和聲音表達，卻被當成躁動。要怎樣設計適合他們的方式，需要努力。

芬蘭早在二〇一二年就出版教會通用的失智聚會手冊。丹麥也在二〇一六年完成給全國牧師通用的學習網站，學習怎樣引導失智聚會。但這兩國的經驗是，原則上考量失智者安適專注，盡量不要在太多人的環境，並且增加音樂和觸覺、視覺、嗅覺等感覺方式。這不是為了有趣和娛樂，而是設法用失智者保有的能力與他們溝通，使其得到來自神與會眾的關顧。

但關於人數，奧地利的經驗有些不同。二〇一九年年底在維也納一個天主教教堂，好幾家安養機構照顧者用大型巴士將失智者載來。教堂門口則有另一批年輕人，他們是奧國接收的難民。教會希望他們能有適當的機會融入社會，感覺自己被接納，也有很適當的機會可以和更多人接觸，瞭解奧國的生活和信仰，所以教會聯繫社福組織邀請他們來幫助失智者。幫助的方式是每來一輛巴士，就上前接待，幫忙推輪椅，從服侍進入入籍奧國新生活。

▲ 奧國邀請許多難民移民來幫助失智者到教堂聚會。這樣，難民移民也就有很自然的機會融入社區，大家彼此接納。

▲ 來自臺灣的音樂老師連智慧帶領奧國中學生獻唱，讓失智者快樂，同時中學生經驗了無差別待遇觀念的助人。

進入教堂，排排座椅前的主通道中央，擺著一個水盆，水盆前一桶小石頭，通過者可隨己意拾起其中一、兩粒丟入水中。據設計的神學家蔡司納博士說，這是以具象化的經驗提醒大家，任何民眾只要願意付出，都可以有影響力，就像石頭丟入水中必有漣漪一般。不管來賓是什麼教育程度、懂多少德文或者文化背景，都容易明白這理念。

接著大家坐下後，先有主禮帶領大家唱詩和一切一般崇拜有的過程。配合的詩班和樂團是聖心中學同學，指揮是臺灣來奧國讀音樂後任職該校的老師連智慧。他們因為平時常常在同一團體練習，所以能隨老師引導配合。之後在會眾與祭壇之間的高台區有個短講，由社會明愛會，這個擁有許多安養機構組織的代表克莉絲汀，邀請一位失智者來分享。目的是希望大家減少對失智的刻版印象，瞭解失智者的心境和生活期待。講者座位前還有桌子，上面擺設失智者在家生活照片，讓大家看到他們仍可保有互動與生活品質。

這位失智者將自己檢查出來後的情緒，到後來怎樣調適生活解釋給大家聽，鼓勵在場的失智者和照顧者。現身說法時，其他會眾環繞附近，氣氛動人。然後是一連串詩歌和演奏。已經有許多研究指出，失智者認知退化，但音樂與歌詞的記憶感知能力往往仍然保有不少。因此增加音樂部分很能安慰鼓勵失智者，他們也能參與，因而感覺自己還有功能。更重要的是，大家可透過音樂，一起敬拜神。

高中生的唱詩和演奏選曲有些很通俗，即使不常在教會的人可能都在一般演唱會聽過。連智慧老師安排了一個特別的經驗給失智者。本來在教堂前方祭壇旁，對會眾來說有一段距離位置的唱詩班，演唱到一個段落時，全部忽然一起走下來，往會眾方向奔去。然後分散到許多失智者身邊，握起他們的手，繼續唱詩。青年的表情很自然樂意，不是被老師強迫，是很自然的。

這一刻，讓許多在會眾席的人印象深刻。尤其失智者，看著這些遠遠在前面的青年走向自己，有如一群天使逐漸接近。不但接近，而且最終友善微笑的擺出接納邀請的肢體語言，沒有忽然勉強要失智者配合跟著做什麼動作，也沒有忽然高亢的喊什麼，只是輕輕的握著他們，緩緩的繼續一起唱詩，有如要與失智者同在樂園裡。

其實從失智照顧原理來看，這非常適切。雖然連老師不是信徒，也不是失智醫療專業人員，可是她設計發動的這一步，配以適合的旋律節奏，讓失智者和站著或坐在失智者旁的照顧者非常窩心。這如同一種釋放、療癒，因為看著青年人用無條件接納的態度，帶著優美歌聲來接近，還握起手來，符合聽覺、觸覺、視覺等多種感知，使失智者得到安全感和平安。之後有主禮祝禱結束聚會。

克莉絲汀女士是聖心中學校長夫人，這時預備了紀念禮物，走到詩班，一一發給同學，如同聖餐一樣慎重，表達對同學的感謝和看重。其實這種態度本身就是一種很好的身教。

▼ 中學生唱詩給失智者聽，然後從教堂聖壇附近走向失智者，牽起他們的手唱歌。對失智者而言，觸覺與聽覺是最好的友善經驗的機會。

聚會後，在教堂外的廣場，早已由服務人員預備好點心，大家可以自由在陽光、大樹下分享交談。連老師的詩班則在大家陸續離開會場時繼續演奏許多歌曲。事實上這不只是一個主日崇拜，也是維也納市許多團體發動的一個行銷活動，他們定期預備這種活動，希望更多人來參加，從會場預備的單張認識失智，也知道城市有些什麼資源可以諮詢。

從過去世界各地的聚會經驗顯示，有些失智者可能在聚會時吼叫不安，甚至指著講道的人說很多話，讓家屬難堪，會眾不知如何是好。可是這次聚會並沒有這類問題。歸結可能原因是，每個機構審慎評估失智者當日的身心情形，給予適當的陪伴接送，加上調整了聚會的內容，還有特別預備，青年走下臺與之互動。這些雖然沒特別說是失智友善設計，然而實質上已經有這種精神。

主導者之一的蔡司納博士平時也負責好幾個安養機構的失智者靈性照顧。他說，教會已經看到有些會友往往因失智不便來教會很孤獨，後來連帶影響家屬也不能來而感到孤獨。設計新的聚會方式，期待失智者和家屬能繼續感受仍屬於教會。

接待失智者，給安全感和平靜的氛圍非常重要。周圍的人若能盡量創造安全感元素，就是很好的照顧。例如泰澤詩歌，都是短短的，有內容，重覆唱有種平靜的感受，並不需要很大量變化的歌詞。還有失智者周圍的人的表情和肢體語言，雖然有些失智者不認得站在面前的人是誰，但是可以感受得到這人是不是友善。

大型聚會或許不像小型聚會，牧者可一一接觸，但如能夠整合資源，可帶來和小型聚會不一樣的經驗。這次聚會讓失智者、職業照顧者、家屬、臺灣來到音樂之都教學的音樂老師、高中生、新移民一起參與，大家都被看重。也從過程瞭解，失智仍可擁有美好的生活，若大家願意一起支持！

## 1.10 幼童激勵失智者運動——奧地利

要讓一群失智長者完成維持能力的運動有時不容易，各國皆然。因為多樣運動要完成，維持專注力，照顧者能和失智者溝通，還要有樂趣。要能激勵他們維持認知體能，盡量慢點到中後期，對生活品質影響很大。奧地利請小朋友幫忙。

上午十點多，在奧地利首都維也納天主教社會明愛安養機構的多功能活動教室，物理治療師與幼兒園老師各帶一群人相遇。治療師帶的是照服員和日間照顧中心失智長者，幼兒園那邊也有幾位同學，大家一起活動。

過去這幾年，在奧國也如一些其他老化較快的國家，思考如何激勵老人活動，也發現小朋友是很好的觸媒。但是怎樣做才能皆大歡喜，達到活動的目的？這是重要問題。因為好的活動不是為了殺時間，而是能夠對參與者有幫助。而且，還要看設計的目的。

這裡有些可能與文化背景有關，可為參考的細節。一開始，並不是把活動道具佈置好就任由參與者隨便玩。而是先把老人帶到場地一旁的椅子休息，同時也把小朋友引領到同一排椅子，和老人完全一樣一人一張，大家不因年齡有什麼差別，很平等的尊重每個個體。

小朋友在這種情況比較容易安靜，小孩與老人一起聆聽治療師的講解。這裡的地板是有反作用力的微軟質地板，而且光線明亮，上午十點多，側窗陽光帶來充足光源。這裡可以練舞，也可以運動。治療師把各種運動器材擺好位置，這樣等一下的動線可以順暢，降低意外。然後一一講解示範，並回應長者的疑問，雖然有的人可能等一下就忘記。

接著請長者先上場，治療師和照服員看長者今天的反應，盡量讓他們自己來，如果有不穩的，才在一旁稍微幫忙。這才不會變成都是陪伴者在運動，結果長者反而沒練習到。

場地內提供的運動包含上下階梯、閃避左右、精確跨步，還有雙腳增加挑戰的用力平衡。另有一個多重協調的運動用四種顏色各一的圈圈，讓長者在一旁治療師指令下用腳點入圓圈中央，也就是能達到指定位置。這些運動本來都是長者例行維持生活行動基本能力要做。有些長輩可能視力退化，這些可以練習代償作用，幫助他們找到新的適應反應動作。

一部分長輩開始做，有些小朋友會隨之在後也做一樣的動作。但是小朋友可能加入自己的動作。例如練習走平衡的一條直線貼布，小朋友還加上練芭蕾的手部動作，看得

▲ 有些失智者起先觀望。但看到小朋友就快樂，逐漸起身開始運動。這毫不挑戰他們認知障礙帶來的困擾。

▲ 失智者看到小孩被誘發開始運動。治療師並不擔心老人受傷，因為知道老人有哪些能力。鼓勵他們盡量使用能力。

一旁還在觀望的老人很有興趣，有的開始拍手。

小孩因為腿短，有些做不到大人動作的，他們自己會想出遊樂的方式。讓在一旁最後一批還坐著的老人眼睛越來越亮，後來都起來跟在小孩旁邊動，在很自然的過程完成治療師預定要完成的延緩失能運動。

治療師的經驗顯示，如果只是帶著失智長者進行同樣的運動，而無小朋友同在，有時很容易叫不動，但因小朋友在，反而是一種豐富多元的刺激。經過大約十五分鐘，全部老人都站起來運動了。有些主動跑去找小朋友玩球、接球、傳球和躲避球都有。

這些長者若視力、體力退化，則對於活動可能意興闌珊，可是看到小朋友，變得很活潑，好像沒有問題一樣。治療師一開始引導多種較和緩的活動，有點像另類暖身，調整反應能力，然後開始自由互動。從部分長者的臉可以看得出來，他們對小孩的興趣可能大過使用的器材，小孩做什麼，長者都想參一腳。老人動作慢，彼此步調容易一起，在這裡的活動對雙方都沒有挫折感。還有些長者彎下身幫小孩撿球、追球。奇怪，自己彎腰不是都說很困難的嗎？

一般來說，照顧失智要留意噪音，因為有些長者可能因不喜歡和難以分辨而躁動不安，但其實看場合和個人身心處境。在這裡互動也有些小朋友聲音，似乎是很有趣的刺激。治療師和照服員及幼兒園老師常會檢討活動方式和人數。現在的做法似乎達到平衡，除了小朋友和老人，這個場地排除其他干擾因素。

另外，平常人就樂於好氛圍，對認知退化的長者更強烈需要好的感覺和友善的面孔。這樣安排，對發展中的兒童有幫助，對失智長者也有幫助。

對小朋友來說，他們身體和意願受到尊重，不會因老人覺得他們可愛就被捏嘴巴或抱著不放。而且和老人之間，不是那種有距離的，模仿老師的指令做動作當團體表演給老人看，而是直接高頻率的互動。

對長者來說，由於日間照顧中心設計很多樣活動，長者有選擇機會。練體能、又來好情緒。凡是來這裡的，並不是因為照顧者怕他們出事而帶來這裡，而是他們有期待。有期待，增加活下去的意義和價值。

以上過程可見，加入兒童元素在長者活動，或增加兒童與老人互動的經驗，只要安排妥當，並不會有如老人會亂打人等危險，也不會增加照顧者和老師更多負荷。反倒是營造一個機會，形成多贏。何不試試？

▲ 這位長者剛到現場本來一直坐著，被可愛的小孩吸引，變得很活躍。治療師說他都叫不動這長者起來運動。

# 1.11 活動新思維——比利時

依照挪威二〇〇九年統計，安養機構老人每天要吃五種到八種藥。因為醫療制度等原因，其實各國老人都有類似處境。藥物副作用可引發包含嗜睡、跌倒等問題。即使藥物控制疾病，是否意味著老人生活品質更好？過去醫師、藥師協助減藥，降低重複用藥和過量用藥。如果真有方法減少用藥又能帶來更高生活品質不是更好？有的！在比利時。

過去五年，比利時安養機構花很多心力發展老人活動。找尋適合、個別化、激發參與動機、讓老人感到幸福的活動。問老人期許和現實的落差，設法拉近。直到二〇二〇年，政府兩年一次的評鑑，老人生活滿意度顯著提升，且創造新的居住經驗。研究者從六個機構共一百二十一位非失智追蹤六個月看到，因生活改變，因著社交和參與，降低用藥幅度。接著，進一步將探索老人興趣模式調整轉用失智群體。

主導這個研究的布魯塞爾大學職能治療教授派翠西雅芸特（Patricia De Vriendt）已經出版兩本專書（《更有意義的活動方法》*Benekenisvolle Activiteien Methode* 及 *Clever Doelen Bepalen In De Eerste Lijn*）。協同安養機構，除護理部、行政部，設立活動帶領部，透過活動帶領員、照服員和職能治療師，訪談和觀察，精確找出期待的活動和興趣相近者。後來較少發生老人被勉強參加「延緩失能」活動，每天更有盼望，因為活下去更有意義。

▼ 左為應用理論有成的機構主任 Maddy Van den Bergh（職能治療師），中為筆者和臺灣來的社工。大家與右方芸特教授討論如何善用學理翻轉照顧思維與活動設計。

例如聖伊麗莎白機構一樓，五位住民一起打牌，不是殺時間，是有興趣。一旁由曾去學習啤酒配方的照服員，帶領失智者一起品味多種新配方啤酒。對啤酒世界知名的比利時來說，長者熟悉有興趣，也符合運用失智者還有的感官特性。而且他們平常就看別國啤酒「簡直是水」，所以很受歡迎。後來共同選出一種拿去啤酒廠生產，成為機構待客禮品。

▼ 調查老人期待後讓相似興趣的人在一起，老人快樂，照顧者輕鬆。

啤酒品嘗小組旁有採光良好區域，則由職能治療師帶領多位長者暖身，要進行坐著的排球賽。球網由機構附近喜歡打毛線的長者受邀用兩週時間織出來。治療師宜安按照大家的認知、體能排位置，規則是球打到一邊，該邊長者要互相不落地傳兩次才能擊回。

◀根據比利時研發啤酒的文化發想，照服員引導支持失智老人一起研發新啤酒，成為安養機構獨特的待客禮物。

治療師自己坐在一邊發球位置，將失智最嚴重的排於對面最中間前排，所以那失智者四周都有人幫忙。

這種球賽沒有勉強誰，而且活動不干擾其他區域住民。他們不斷練習，機構和其他連鎖機構之間還有巡迴賽，有目標也有樂趣。因著巡迴賽，行動不便的他們有原因可以去別的機構和更多朋友互動，達到擴展社交目的。擔任裁判的是志工，球場旁還有長者的女兒在拍片。她說，爸爸有了這種活動變得清醒、活躍的多，因為找到喜歡的活動。以前是沒有這種機會的。

▼ 許多失智長者若提供他們有興趣的活動，即使平時在臥房打盹的都有動機出來一起打球。球網是機構附近老人織來送給機構的。

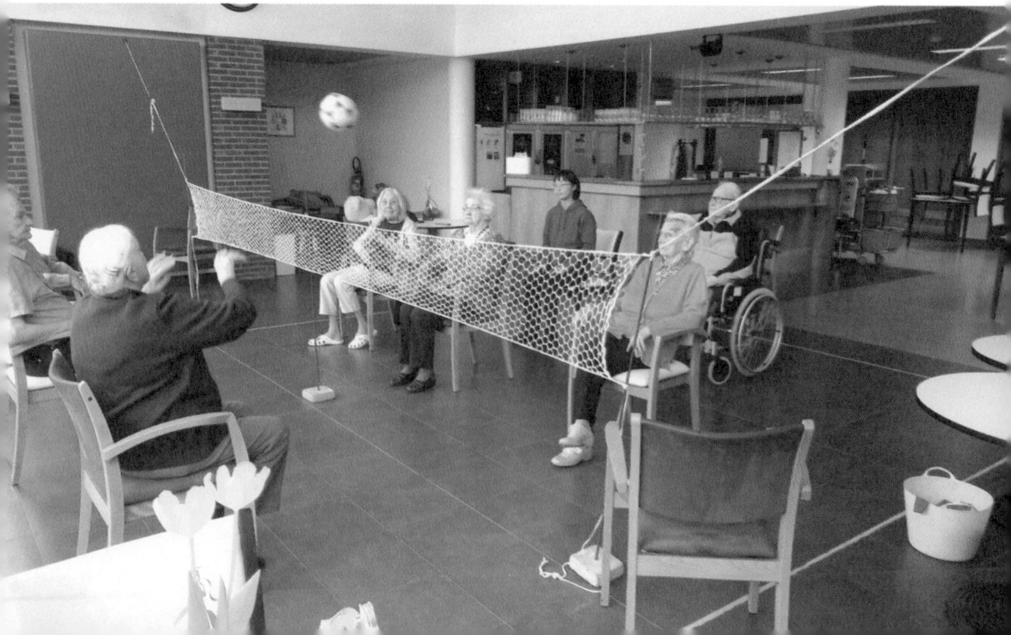

完全與排球賽隔開的另一房間是小說朗讀活動，由志工讀小說情節給老人聽。書是幾位老人一起選的，愛情、戰爭、神話各種都有。有的老人聽的很亢奮，四處推輪椅；有的好像在打瞌睡，其實有在聽，還會不時插話。這活動小組只有五人，不必多，而是想聽的在一起。

治療師宜安說，新一代的延緩失能不再是由老人來配合職能治療師，做些制式體能活動或者固定種類的生活機能練習活動。而是調查清楚老人的興趣，由治療師根據對這些老人體能認知的理解和需要，融入活動中，不像「治療」。就如這排球賽之前的暖身和平常做的彈力帶融合，大家更有動機。加上治療師不時觀察和詢問鼓勵，老人相互支持，願意走出臥房的越來越多。

派翠西雅芸特就說，「我們應想想，設計的活動到底是要老人配合照顧者，還是照顧者配合老人」？是上面交辦，還是徵詢老人而產生？她將機構老人活動分三種，一是因應基本生活，例如刷牙、吃飯；二是為健身維持獨立自主和環境安適；第三種是非為應付前兩種基本生活必需，而是追求意義的文化性活動，如閱讀、看電影、郊遊，這是想做，而非生理維持而必須做。身為專業長照人員，要特別為離開家、長期處於機構、會在這裡的老人著想，根據以往生活，創造新的生命意義。這是活動設計原理。

本於這樣理解，進一步調查新活動，詢問為什麼是這些活動？為什麼這些活動對你生活是重要的一部分？為什麼對你有意義？「這不是因為長者有無能力做，而是為什麼要做？這關乎價值問題。這是你的人生和權利。就像你是記者跑來比利時，因為你想學些知識。這是你的價值觀和行動目的」。派翠西雅芸特解釋。

相似理由，有住民喜歡泡咖啡。但為什麼要泡咖啡？是他喜歡喝？這裡只有他一個人想要？也許是因為家人要來，想泡咖啡給他們享用？所以泡咖啡背後的價值意義可能完全不同！或者是想表現給別人看，自己還可以獨立自主，不需要靠別人。照顧者配合住民活動的原因，用創意來擴展支持實現。就像弄清楚是為泡給家人，照顧者可幫忙用咖啡機，或考慮空間環境裝飾安排。甚至進而聯想學到，很多活動都要幫住民考慮環境，讓活動有品質。

機構宜將活動當每日生活安排骨架，以維持住民生活意義為中心，而非以管理方便為中心。從個別面談開始，瞭解這些身心比較脆弱的人的想法，合併有興趣的一起。例如喜歡園藝的，組成小團體。這樣住民相識，不只這種活動一起，接著還可能延伸更大型活動會互相邀請一起去。

新方法不僅找到新活動，同時取消過多例行活動和不必要活動。新照顧方式實施後，在評鑑關於健康的各種指標也看出影響。調查憂鬱者病情，引進新活動比沒引進的機構降低。這並非花很多錢，也非照顧者更忙，而是請照顧者把精力用於找對方法，朝以住民為中心經營。以此為基礎，張羅輔具器材。而不是不瞭解就申請預算一味添購。

就像以前喜歡畫畫，現在機構不適合產生塗料氣味，可以看怎麼幫他，也許一週一次去外面畫廊。照顧者要更有創意，不是什麼都自己預備。也許有的人自己畫也很想和別人一起畫，因為這是他以前的生活。

派翠西雅芸特說，根據學者 Gianni Pes 等人調查，世界有六個藍區（Blue Zone）是長壽區。共同特徵是攝取大量蔬菜的飲食、氣候好，更重要的是都有理由明天起床，追求想做的事，也就是生活有良好習慣與目標。這就是發展新活動的理由。即使可能是很小的活動，就像每天一起床的活動，有小確幸感覺。所以照顧者得明白為什麼特定活動對老人重要。就像如果有老人每天一早就害怕，因為老人不知道今天來的不同照顧者會怎麼對待他，洗澡時會怎樣。

「所有人都知道活動很重要，但最好深思活動背後理念」。有次活動帶領者無助的告訴派翠西雅芸特，有老太太很難說服參加活動。「妳去看就知道」。結果去看的時候，理解老夫婦一起進住，當時是因為先生生病，太太陪住。後來先生過世，她仍很健康，可以外出散步、讀書。她在機構從不想去活動，例如唱歌團體，口頭都說願意，實際上不會去。因為不想在那群人當中。每週六一到，她去超市買菜，喜歡烹飪；又喜歡把浴室很多東西拿出來，好好把浴室清洗一下。因為這才是她喜歡的。所以其實活動帶領者要明白，此人並不需要活動帶領者安排的活動。

教授引述管理學效能 SMART 原則說，要追求明確、可衡量、可達成、相關、有及時性（Specific、Measurable、Achievable、Relevant、Timely）。認為要先定義清楚目標，然後才能講效能。切莫變成例行性幫這些人餵食、洗澡，卻看不到人背後的價值和需要。建議機構可從有興趣和意願的小團體開始嘗試瞭解需求。如俗話說，到果樹不要一次想先採上面的果子，先從低處採。

有意義的活動啟動老人活躍動機。但活動可能非常多樣，這和傳統學術論文要求稍微不同，因為一般論文可能要求單一明確活動驗證介入前後有差別。這種論文標準可能造成真正實際的好辦法卻不容易符合所謂有證據的要求，而難有普及化說服力。研究者正設法整理歸納原則，以供更多機構參考。也希望今後安養機構面對新來住民，例行性要先評估住民身心狀況時，不要只為了做而做，而是用更溫暖的方式看做出來的結果，合併生活史，看這些怎樣相互影響，可以怎麼支持住民發展實現長照階段的生命意義。

行文至此，忽然回想到，有次看到我們某機構老人下午被推去團體身心活化，因為「照課表」生活，已經打瞌睡還要被照顧者從後方硬拉著雙手臂抬舉。帶領者繼續喊吸氣呼氣，對已經睡著的長者，是有意義的經驗嗎？還有的機構許多活動擠在同一空間，噪音干擾讓老人表情無奈，變成呆滯卻無人聞問。更有的，上午十點，整排掛著鼻管低頭互相看，只聽到有些人被推去洗澡的聲音。莫怪有老人說，不要被送去機構讓人糟蹋！比利時的努力與成果我們還有很多努力空間。

## 1.12 水中運動加強推廣

第一次對老年水中運動有感覺，是二〇〇八年零下二十三度寒冬在芬蘭中部大學看到。比標準池更大一倍的泳池，很多長者一早來游泳，他們來回一趟若用蛙式，擴胸動作可達四十五次以上，不知不覺對上肢伸展協調有幫助，成本遠遠低於花錢去健身房，或醫院才有的懸吊復健走路器材，當然，這類特定用途器材不可能也不必普及於各處。

同一大學泳池，還有些長者腰部揹著海綿浮墊，進行水中行走。很多人胖或者膝蓋有問題，在此可以安全的練習大腿力量和髖關節活動。因為揹著浮墊，也不怕溺水或無力。甚至來回走完許多趟，頭部根本不碰水也不進水，沒有眼睛、耳朵碰水的不適。他們的安全監控很嚴密，救生人員有兩位在高處監控所有螢幕，還有些在池邊。沒有那種值班還一直低頭滑手機、吃便當、寫作業或掰腳趾發呆的。

長者從早到晚一批又一批幾乎不間斷的由教練帶領，拿著各種器材做各類運動。你想參加哪種還是適合哪種或者需要哪種，可以問教練。一旁較小的環型泳池，四周都有下水坡道，多位俊美的大學生微笑耐心的陪著坐輪椅的人緩緩下水，再將輪椅撤離，開始水中活動。近看才知，還有好些是身心障與全盲者微笑倘佯，體驗與人同享的樂趣，場面真是令人動容，人即使失智、失能還是得到這樣對待。兩側還有好幾位同學拿水下攝影機在研究記錄這些使用者的肢體動作，以便對照怎樣的運動介入更可以維持肌力。

▼老人水中運動好處多，設施若從使用者如何移動以考慮周詳，大大降低入水風險。

再往芬蘭其他鄉下走，有些老人關懷據點也有恆溫活動池，一批批老人在教練帶領下運動，或者社區泳池某些時段清場給老人團體運動。這麼普及的水中運動，原因一是芬蘭以平等為國策並且落實，所以想到健康促進，總是一開始就考慮不同人的需要。原因二，天寒地凍，室內泳池可持續運動。原因三，千湖國國民從小親水，這是生活一部分，多數人不怕下水。原因四，許多人肢體缺損或老年失能，水中運動幫助人在有浮力狀態運動，減少運動傷害，才能繼續獨立自主在家生活。

其實水中運動對長輩的好處不只如此。藉著水，可以設計很多輕度拮抗作用的活動，以避免陸地上練平衡和肌肉力量時，膝蓋承重可能受傷的副作用。水中運動也需要肺活量並帶動全身循環，大概除了唱歌以外，這是器官老化時，很自然的練習肺活量的方法。還有一個好處可能一般書籍較少提及，就是除了避免膝蓋損傷外，也降低足部過度使用的風險。

當人年老，足部老化，重複重壓可能造成舟狀骨變形而成平板腳，改變平衡與施力。此外，穿著不適當的鞋子會造成足部磨損，也會帶來更多硬皮和指甲問題。可是在水中，這些風險降低，一樣可以練習許多部位肌力。只要皮膚沒有過敏和傷口，水中活動是陸地活動之外，很可以相互補強的選擇。

後來幾年，從芬蘭到丹麥、挪威、荷蘭等多國，都看到許多鼓勵老人運動的場所普遍的有各樣水中團體運動海報廣告。這些國家累積知識早已發現水中運動的好處。回臺灣後，發現臺灣雖是四面環海，但是長者延緩失能推廣關於水中部分很有限。例如，有些想要投入老人水中運動的金主並未分清楚奧運比賽游泳池和老人需要的活動池不全相同。若以推廣老人或身心障運動之名要公共投資或私人興建而政府補助，往往花大錢蓋大池卻不是老人水中運動最適合的場所。經費也不可能村鎮都各蓋一個，果真如此還真是浪費，可以考慮蓋供九到十二人使用的活動池。這樣，所需空間和成本就不用國際比賽標準池貴又大。

如今行動不便的老人越來越多，很多人因為陸地運動挫折和疼痛而不運動，若提倡活動池運動，實不失為選擇。有賴經營者和長者與健康促進從業者一起努力，有些心態很有討論空間。

關於長者，臺灣有些人年輕時少下水，可能怕水、可能聽說游泳池髒、可能聽說氯氣消毒會致癌，還有的人覺得穿泳裝身材難看或不好意思，或者怕滑倒受傷。這些都可以一一改善。但若因這些原因就不引介推廣水中運動非常可惜，也可能讓許多還有運動潛力的長者更早孤立停滯在家，這樣反而更不利健康。從運動成本與效益和所有副作用來理性討論，各種水中運動可能給老人帶來許多好處。

關於經營者，筆者曾於芬蘭歸來，在臺灣北部接觸運動相關院校和都市公立游泳池業者。不接觸還真難想像一些推動阻礙。例如明明是公立泳池，有些經營者嫌老人髒，說怕他們在水中排尿、排便，所以不歡迎他們。甚至認為老人中的女性長者臉上妝厚，會污染或堵塞泳池。這些看法或有成見、或因多一事不如少一事、或因並不理解水中運動對老人的多種幫助。

筆者曾訪視日本身心障活動泳池，這泳池曾培養特殊奧運得牌選手，各式各樣身心障難以溝通的人在此進行活動。問一位四十五年經驗的日本教練，要是真有人大便怎麼辦？他說機會很低，要是真有，就默默請大家先起來就好，也沒什麼好大驚小怪的。而

▲ 我國政府也在推廣老人水中運動，但有兩個問題：一是場地安全設計，另一是往往是預算斷斷續續的迷你計畫成不了氣候。圖為林曼蕙教授在指導老人水中活動。

且他們下水運動一步步來，先在小池才到大池。人人有安全感，有預備。所以只因一直想著極少數人可能在極少數情況下大便就不發展，他們覺得不可思議。

後來北部都市廣設健康中心，有些也有泳池，很大的標準泳池要是劃出來一塊給特定群體使用，就等於別人來回少掉一塊。而且如果很多人在一個泳池，要是真有教練帶領一群老人做運動，聲音也會相互干擾，要不非老人的人覺得吵，要不，老人因其他聲音而聽不清楚也困擾。隨知識進步和經營者有心，有些泳池劃分時段給老人用，老人不再被嫌，也有更多機會。但從全臺灣與離島來看，還有明顯的城鄉差距。

臺灣氣候遠比北歐溫暖，運動選擇也多。但從失能施力疼痛與受傷風險和維持肌力與平衡需要兩難，以及增加運動樂趣選擇來看，恆溫活動池方式的團體運動與游泳池定時定區的老人團體運動，都還有很大拓展空間。在恆溫池未普及前，至少一年有將近一半時間可以操作水中運動。或者設計更小規模的恆溫池於人數較多的關懷據點與日間照顧中心，都能幫助更多人得到樂趣、幸福感和健康。

# 1.13 芬蘭下背痛防治之道

八十歲的黃斯德醫師（Risto Honkanen）曾擔任臺灣恆春基督教醫院首任院長，也在恆春架設首部X光機。

二〇一九年黃醫師駕車在芬蘭北部，三天開車走完近三千公里。在零下二十到三十五度充滿冰雪的環境且夜長，能保持這樣好的體能與反應開車，未聞痠痛或動不了身，很不容易。

並不是當醫師都很健康，也要看環境、家族基因、生活方式，甚至生活態度。生性樂觀愛說笑的黃醫師在臺灣行醫幾年後因興趣返國轉入醫學研究，擔任大學醫學院院長，後來特別投入老年骨鬆和失能預防研究。

過去五十年來，黃醫師不但參與多項國際國內長期性研究，迄今還在主導芬蘭東部九百位受試者的研究，目的是發展最便宜方便的各種方式協助及早預防失能，這項研究已有結果，二〇一九年年底完整公布。這為老人生活品質和沉重醫療負擔帶來很多希望。

黃醫師持續收集國際研究資料，再根據自己多年摸索，發展很多簡易運動及早預防失能。在他長途駕車與平時在家，真的非常落實練習某些簡易運動，這樣做已經幾十年，也驗證很有幫助。他非常希望推廣，讓更多人受惠。

這些並不能為他賺大錢，甚至減少人們對豪華運動機器的吸引力。可是實用、有科學研究證據，又能清楚解釋預防機轉，就可幫助人。長遠來說，節省社會成本，就可以將有限社會資源用於迫切而難解的社會問題。

以黃醫師開車每到休息站，就不時練習的兩項運動來說，他拿起隨車帶的長棍，有八種雙手持棍扭腰旋轉方式，放鬆背部。又做兩腿前後的放鬆拉筋。

黃醫師說，人年紀大，若長期處於固定姿勢，會加速肌肉萎縮。每天定時這樣做，尤其開車和在家坐著等這些固定姿勢久了，最好隔段時間就做一下。多年來，他到外地參加聚會，當其他人坐很久，總可看到他定時到戶外，開始扭身操與大跨步伸展活動。

這些活動不但伸展肌肉，也帶動肌肉中的血流與乳酸分泌更順暢。冬天，黃醫師還會在雪地裡連續打滾，練習腹部核心肌群。

黃醫師引述國際疾病負擔（Global Burden Disease）這種長年調查超過百個國家，發表於權威的《刺胳針》（*Lancet*）的統計顯示，導致死亡的疾病固然要注意，但

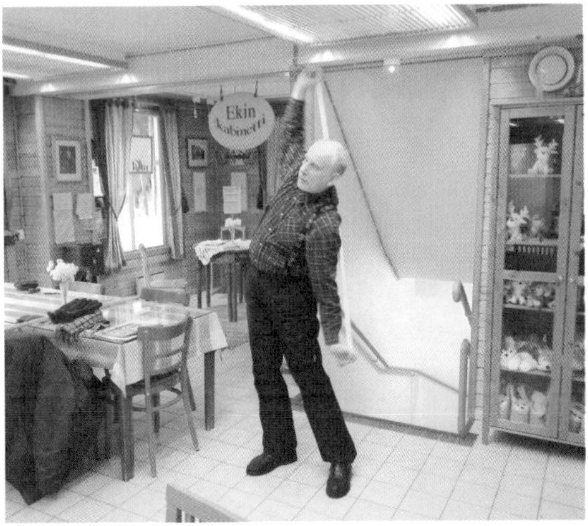

▲ 黃醫師（Risto Honkanen）三天開車近三千公里，路過休息站要運動一下保持腰部健康。用他推廣的木棍轉位體操。

▲ 黃醫師指導筆者體操要領，動作牽動骨骼肌肉的方式正確很重要。

隨著人口老化，那些不會致死，但可以讓人活著非常難受的失能病因，也要重視。

長期照顧需求越來越大時，特別要重視預防性工作。這期刊指出的不會致死的失能來源排名第一是下背痛，其次還有骨骼疾病、憂鬱、聽力受損、糖尿病、偏頭痛等，很多國家前幾名都相似。

黃醫師練習的木棍、腿伸展、雪地滾，正是防止下背痛的運動。他持續做，清楚知道為什麼，也這樣告訴親友。他強調，根據《刺胳

▼ 曾來臺灣恆春基督教醫院服務近九十歲的李西面牧師（Simo Lipasti）與朋友一起享受滾雪樂趣，並說明許多運動都可健身且安全。

針》公布的說明，還可看到下背痛不但是最常見失能原因，而且也常被不當治療，包含吃藥和其他處置。如果大家重視預防下背痛，會很顯著看到一個國家失能人口減少和減緩。

臺灣衛福部過去對十大死因年年公布和呼籲防治。近年也意識到延緩失能重要，不斷投資於各地活動。若能再多以實證為據，積極開發簡易有依據的預防運動，並以民眾能理解方式解說，而且做給民眾看，將大有幫助。

黃醫師比起相同年齡的人健康許多。能一天開車十小時甚至更久，固然是地理環境和生活需要使然。但這足以說明其身體與反應還能發揮到何種地步。

中國古書說，「廉頗老矣，尚能飯否？」用吃飯多少來影射老人體況。要是當時對話轉成現代，也許說，廉頗還能三天三夜不斷開車三千公里嗎？黃醫師的求真求實，和身體力行的精神，是人們面對老化的好榜樣。

如果看賣保險的廣告而怕老年錢不夠多難以養老，或者看健康食品廣告以為要花巨額才能換得健康，是否不如先從黃醫師的運動理念試試再說？

## 1.14 挪威身心障職訓的個別增能

冰雪冷冽、在北緯七十度野外，快六十歲的先生在幫一間商店更換窗戶。在這種地方，窗戶有好幾層玻璃夾層保暖隔音，要有些力氣才能卸下，還要用切割工具才能進行。頂著強風搬工具，同時要小心可能會陷到深雪堆垮下去。一旁有另一位夥伴在幫忙丈量，同時在鼓勵他、支持他，也一起動手，其實是他的輔導者。

不遠的一棟三層樓的二樓，一個原來用於各種新移民生活培訓的大教室擺了許多玻璃櫃，成了暫時的二手商店，因為原來的商店在翻修。店面旁，數位民眾在車縫窗簾、打毛線做襪子和薩米圖案毛衣、電燒塑膠線束頂端、翻修舊的機車坐墊。同棟樓地下室則有吵雜的敲打聲，這裡有幾位在做木工，有的是切割家庭裝飾品，例如一片木板以線鋸鋸成飛翔的老鷹。

製作者並不是別人畫好模子，就照著一直重複做好幾個。而是被鼓勵加入自己經驗、想像，創造更多有趣、有故事性的產品。例如在大塊木片雕刻人，增加牽著狗散步，變成有人與動物互動，栩栩如生。所以工作者不感覺到自己是個生產機器，或不得不來做。還有的人忙於客人訂做的野外廁所、餵鳥屋、曬衣架、廚房切大魚的固定板等木器，這些都是挪威生活需要的。扣掉營運支出，年度純利可達數百萬臺幣。

這些成品不只是練習技能，而是要拿去賣的，所以有個店面，賣很多這裡生產的產品，而不是代賣別處的產品。反倒是附近有些商家會代售其產品，包含藝術

▼ 挪威北部幫助各種身心障者發揮所長，有些在地下室製作木器。

品、生活用品、戶外家具、客製垃圾桶、廚房工具、客製化茶杯、嬰兒用品，甚至連麋鹿糞便加上回收蠟燭做的火種都有。

有位民眾預計後天要當祖母，欣喜來幫金孫找中意的圍兜。圍兜綉著「我是一家之主」的幽默文字。她覺得支持這種商店很有意義，已經好幾年都來買。她說，由於來這裡看到的產品都因加入製作者的創意而獨特，常變成民眾逛街的另一選擇。

這是回流就業輔導中心（Porsanger Arbeidssamvirke As）營運的角落。這個機構是由政府支持的社會企業，專門幫助

▼ 身心障生活重建中心的商店有各種很獨特的生活用品與裝飾品。

因為各種原因無法見容於一般公司行號就業的人，包含酒醉、藥癮、職業災害、先天後天身心障、個性特殊等。要幫助他們根據興趣和潛力，能夠繼續從事生產事業。也接待少數當地高中特教班學生來參與學習。

和某些國家相似組織以開電腦班、手工班方式輔導相較，這裡更個別化。不是開些班供大家來學，而是為個人處境訂定未來目標，輔導支持他們往目標去。換言之，始終相信一個人還有很多過去沒被看到的長處和發揮的可能。

為了這樣做，這裡有四位幹部，領導者是退伍軍人西格蒙德．漢森（Sigmund Hansen），還有擅長編織的職能治療師莫娜．布洛森．佩德森（Mona Bråthen Pedersen），及主管家具維修和粗料縫紉的希爾德．佩德森與另一位行政人員。他們要負責動機訪談，在尊重民眾的態度下幫助民眾瞭解當前就業和參與社會的困難，以及接下來要努力改善的目標。

他們與精神醫療、護理、心理和相關職訓與復健組織保持聯繫。同時，也透過有安全感的情境幫助他們選擇適合的發展機會去試試看。在試的過程，不會像一般公司要求時效和正確率這樣催他們，所以沒有壓力，而是把步驟熟練，真正理解喜歡某一種工作。

如果因為個別身心有疾病，則在工作節奏和工作方式，配以輔具來幫助他們。例如有人腦傷，記憶分析能力受損，但是還能從事流程比較固定的工作；有人腰部受傷，不能長時間坐著，提供升降椅還有升降桌讓他們可以隨時調整。

說到升降桌，其實是醫院淘汰的升降病床改裝，省經費，只是沒有很好看而已。還有的人不太喜歡吵雜，也不能

▼ 節省資源，醫院不要的病床有升降功能，正好在生活重建中心給不能彎腰的人做工使用。這樣可以按個別需要的高度調整。

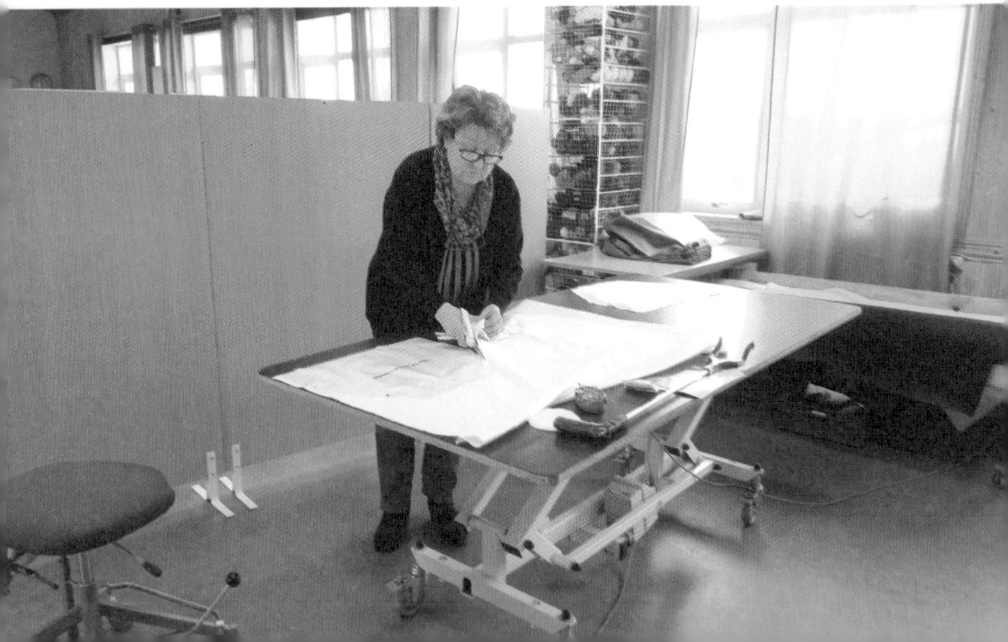

忍受人群，則安排到角落戴上耳罩，可以安心的工作。

西格蒙德．漢森來自軍中。在臺灣，許多軍人退伍自我消遣只能從事保全、保險和寶塔業。他不以為然，覺得軍中磨練與人溝通和領導統御經驗可以轉化在此發揮。職能治療師莫娜．布洛森．佩德森不僅有職治背景，還能做很多手工，陪伴操作，適時觀察協助，讓民眾更感覺氛圍平等安全。希爾德．佩德森與行政人員除參與維修製作，同時負責店面，還有新人面談。這樣，所有工作人員都更理解被服務者，能夠在開會時充分討論。

此處一年約輔導十四人，從三十歲到六十幾歲都有。照顧比相對他國算不高，但能營運的有品質不只因照顧比，而是員工素質及工作有方法。

每位民眾初來這裡都有面談，在面談者與被面談者共同同意下填寫計畫單，然後照著計畫進行幾個月到一年的學習，必要可延長一年。並不時評估達成多少，而且當事人自己要評論。所謂目標不一定只是生產量，也可能是能自己來上班、能與人有更多互動、或者能找到喜歡的工作方式、能創造滿意的成果、能睡眠正常。

表單記錄總目標，還有對應總目標的具體做法，及對應具體做法的每日行動。用明確嚴謹方式執行，每階段有無達成和做什麼調整也都記錄和簽名。尤其因為有些人難以適應在一般公司作息服務，不全然是技術不足，光是繼續參加職訓可能助益有限。這裡全面客觀分析弱點和找出個人主觀期待，來補強學習。這些過程可看出，流程設計特色是希望民眾能參與，而且要願意負責。努力不是為了輔導者，而是在引導下自己往前走。

之後每天清晨八點，這四位工作夥伴要開會，討論今日誰會來和當日怎麼安排工作。這種民眾有些不穩定是互動挑戰，為了最實際幫助他們，除幹部開會，還引用《員工環境法》，民眾與學員可以投訴。因為這幫助工作人員看到更多角度來改善輔導，多一種機制理解被輔導者的感受和看法，確保心理和經濟等方面都不會受到剝削。中午則一起用餐交流，要像家的氣氛，而不是來工作的奴僕或機器。

西格蒙德．漢森說，幫助他們，使他們覺得參與社會，感受到社會接納，有成就感。「每個人活著都需要成就感，就是自己還能做些事」。有時可能自己發生問題或者環境制度不適合，經過職務再設計邁向新人生。這樣，讓絕大多數國民都能夠因被理解和有選擇、得到支持而有機會快樂工作。

有句挪威俗話說，「國家的強大，不在於大砲武器，而是看怎樣對待弱者」。人口五百萬的挪威，人人都是寶貴資源，尤其在高齡少子趨勢下。其實我國也有相似的挑戰，而且越來越嚴峻。速擬的片面式政策亮點不足以永續發展，必須有清楚的價值和更細密的做法。以上故事至少給我們幾個啟發：

❶留意到所謂長期照顧不僅是老年族群，還有不少不老卻需要照顧的人。❷所謂「照顧」非不斷供應資源消耗，而是透過平等、開放方式盡力創造生產和成就。❸有些人必須個別化協助才可能實質走向增能更新，這不是集體輔導能夠達成。❹個別化協助要設計層層機制幫助被輔導者，始終在高參與和負責的處境往前嘗試。❺能激勵人的方式是支持有創造和可銷售的直接成就，而非只是模擬發展。❻社會企業商業模式能做到外展接受客製訂單，讓業務擴及更遠地區、種類更廣，而非請求憐憫固定、既有產品。❼過去許多人看北歐穩定、人性常歸因福利與財富，但這裡可見照顧者素質、態度、耐心和營運制度與工作文化恐怕更關鍵。

# MEMO

2

UNIT

# 設計思考 服務創新

## 2.1 當照管專員變「上帝第二」

去歐洲遇見以前在臺灣服務的醫師夫婦，現在年長，也需要長照服務。當地與臺灣相似，有到府評估機制。來了一位護理師，負責和客戶訪談決定政府提供什麼服務，如居家服務和建議申請機構等。當地機構多半是公立的，是長照連續性服務的資源。

這護理師等同臺灣長照中心幾年前的照管專員，在二〇一九年後或可描述為兼具照管專員和個管職責。這醫師夫婦的兒女也是醫師。老爸爸行動和呼吸已經有些困難，經評估後得到暫時去住機構的機會而住在機構。老媽媽因使用可體松而皮膚變薄，又已全天靠輪椅或助行器移動。皮膚薄到一點點碰傷就出血，還有骨鬆，但心臟病多年，已經無法承受開刀手術。

同時，老媽媽已經有間歇性神智不清，加上腿有點無力，所以很容易摔倒，也不可能繼續獨居自己做飯、洗澡等。因此，就是不能再摔傷。原夫妻同住，現在先生住機構，政府給妻居家服務數小時，但女兒認為間歇性居家服務不能確保居服員不在的時間，媽媽獨處的安全。而且已經發生過跌倒喊緊急鈴聲找外援的情形。女兒把媽媽接來家裡，把居家服務也轉到這裡，等候政府重新評估失能等級和服務。至少女兒下班回家還可照顧，增長媽媽每日生活安全的時間。

評估者當然受過醫療、觀察、評估訓練，來與老媽媽和女兒一起討論。女兒長年照顧媽媽，早已看出媽媽的弱點與風險，建議申請安養機構。然而評估者認為要以當事人意見為主，因為這是尊重當事人。於是問，「您希望住在哪裡呢」？媽媽回答「家裡」。女兒有些生氣，覺得難道要媽媽繼續摔，直到摔倒到不能動也不能說話才能被評定具備進機構住的資格？

可是評估者很「專業」，客戶的意見很重要，客戶意識清楚，要以客戶為中心，尊重客戶是溫暖服務的基本要件。而且地方公立安養機構床位有限，既然客戶都已經表明要住家裡，怎能去佔其他需要的人的機會呢？所以，結論是繼續住家裡，給予居家服務數小時，讓媽媽回自己家生活。

這個評估和給予服務的結果讓女兒每天都煩惱而唸唸有詞，等於就繼續等媽媽摔倒。也就是一個國家明明有非常豐沛先進的資源，但是得不到適當的照顧。再者，因為這國家重視居服員權益，而且越來越多外籍背景和男性居服員。這樣造成許多女性長者獨自在家，會每天不斷遇見不認識、不熟悉、不同膚色和性別的居服員來家裡，幫忙洗澡等。這對頭腦已經不很清楚、體能也弱的老人感到不安。若實在失能去住機構，這些

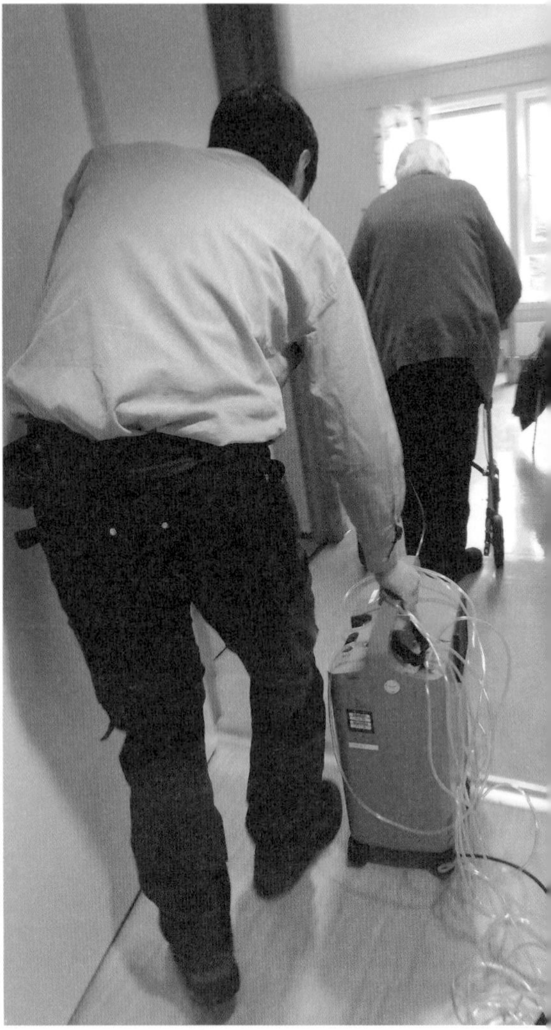

▲ 有的長者需要給氧機，這些會牽涉不同居住環境如何順利持續提供資源。例如，獨居在家移動和機構有人幫忙不同。但許多人希望在家。這要如何尊重意願又顧及安全？

陌生壓力稍微好一點。

以上情況，一家父母兒女四人都是醫師，卻無從改善現況，於是幽默的偷偷給評估者取了「上帝第二」的名字。因為覺得這評估者的態度是認為自己最懂，自己可以決定別人一切，任何人無從改變其決定。

這故事讓我們對到底何謂落實長照「專業」有些省思。這位評估者所做的一切合法也無惡意，卻顯現更多長者需要服務時的一種現象。一般訪視若問老人希望住家裡還是機構，這選擇題大概多數會說想住家裡。若問老人希望住家裡，當然老人點頭。誰會對陌生人說不要住家裡？

到底怎麼操作職務才是真正合宜？當客戶看來意識清楚，是否應於此時完全僅拿表格，以全靠對方回答的方式來下決策？如何觀察判斷和溝通詢問，以讓所設計的服務更接近實質需要？如何避免醫療資源浪費、客戶風險更高和家屬更擔心等三輸局面？這故事到寫這篇文章為止，還在繼續，讓家屬每天提心吊膽，默默期待「上帝第二」能軟化，別等到老媽媽一定要摔出事才同意更重失能等級判斷和對應服務。

一樣本來是不容易的訪視評估和服務規劃，這裡還有個正面例子，在臺灣有位長者八十多歲住在山區鄉間，失能評估等級三，實際上已經搭公車下車昏倒過。有點行動不穩，獨居。家屬住遠處，女兒有工作，住處距離父親約一小時半。在老人家中架設監視器，但仍擔心。

訪視評估者已經配給居家服務，可是居服員不在場的時間比較多，老人也不願請外籍看護，也不要去機構。要是訪視評估人員也很

▼ 到底老人需要什麼服務？老人最怕的是專業人員用自己的看法決定。這個護理之家的長者要被啟動社交活力，有時只是一點現場彈奏的音樂。

「上帝第二」，則老人處境也可能繼續風險高而家屬擔心。

在地的居服員和個管人員思考後，想到隔壁村有活動據點，與老人和家屬協調後，多付一點點錢，服務單位週一到五上午派車來接，在活動據點六小時，這樣從據點得到人際關係、生活刺激與樂趣，也有人一起守護安全。另外，把本來這六小時之間會來的居服員調到下午老人從活動中心回家後才來。再增加安排晚上八點一次居家服務巡訪。這樣，比老人原來的作息，縮

▼ 居住在家到老是許多人的期望。訪視問老人，老人多數這樣說。但實際上有些人已經風險很高。所以要不要建議換居住房舍，訪視者得很細心。

減風險時間，而且增加群體活動、運動機會，還有飲食正常化。

還有一例，不是父女，而是夫妻。夫中風，妻還要去山上果園工作。但夫得到的服務核定也是總加達數小時的居家陪伴和服務次數。但這讓妻無法安心上山工作，將影響收入而難以維生。後來個案管理者調整居家陪伴，用此陪伴人員和小時數陪此中風者每天走路到同村的老人活動據點。妻就可以至少有四小時到五小時完全安心的時間開車上山整理果園。夫也能得到比較多的社會互動，有比較多樣人際激勵，而不是由妻一人天天在家央求夫復健或忙於照顧。

這夫妻案例，妻倒沒有認為夫應該去住機構，但是原先被核定的居家服務也不能滿足需要。要是訪視評估人員也很「上帝第二」，這對夫妻可能失去經濟來源，也可能更多口角，而夫得到的激勵也可能較低。可是依照現行訪視評估和服務原則，在家陪伴服務和陪同外出是不同項目，將前者彈性用於活動中心的做法是對案主最實際的幫助，但要得到有心真在意案主生活品質又能看得出各種可能性的服務人員，來協助重新設計的資源運用服務設計才能實現。

「上帝第二」的故事不只讓我們省思訪視評估者與客戶和家屬的互動素質，甚至還可以幫我們省思服務者之間也有省思空間。目前臺灣長照失能評估和服務設計與資源配置，已經從幾年前由長照中心照管專員承擔，分散為照專和A個管兩種人，加上服務單位還有居服員與居服督導。四種人如何互動，加上行政流程，還有在地機構不足與潛在社區資源發掘積極否，在在影響客戶生活品質與風險。

例如不久前，A個管認為七十多歲夫妻照顧一百歲長者，長者需要更多陪伴，這才能讓夫妻外出務農。可是個管所開的陪伴小時數被照專質疑而感到不被信任，甚至不同意。這可能讓陪伴者無法拿到薪水。

臺灣第一線長照決策比前述歐洲某國的機制更複雜，而且我們這幾種人員養成時間很有限，訓練又多半將時間花在學習行政表格和注意資源花費，有些人獲得工作資格覺得自己已經很專業，如因對人與環境的觀察敏感度不夠又很堅持規範，影響服務輸送符合案家期待的變數更多。未來如何避免出現許多「上帝第二」，有待大家累積更多正面例子援引相互觀摩，才能讓有限資源更對應服務需求。

## 2.2 從「好撒馬利亞人」看A個管

政府為了改善長期照顧品質，推出A個管制度。簡單說，就是以往有人需要服務，與長照中心聯繫，由照顧管理專員到府訪視，確定服務項目後交由居家服務單位執行。照管專員隔一段時間可能關切一下，但因負責案量很大，好幾百案，可能難以面面俱到。更不用說流動率大，新照專根本不知道先前狀況。如今，在照管專員之外，增加A個案管理員，還談不上像醫院癌症專科護理師那樣專業的個管師，A個管負責就地與客戶聯繫，幫助落實照專開出的服務。若客戶有疑問可以找A個管商量。

A個管不應被看成照管專員的替代補充人力。如資深照專督導所說，若只是那樣，何須擺在社區整體服務中心呢？他有其特別重要的職責，讓無助軟弱在家的老人有人可以聽其講話，一起找更適當的照顧支持方式。這未必就是一直引進更多資源和錢來耗損換得，而是取決A個管的觀察溝通與本於價值倫理的專業洞見。

其實在日本早就有類似制度，但相似A個管職責的人要經過資格審查和包含醫學常識（醫師免考）、法律、生活等考試，還有訓練等。我們的A個管門檻較低，養成也只有幾天訓練而已。有點抄半套，或者不敢抄全套，怕推不動。一開始推動，至少在臺中和基隆都曾於照服員、居服員之間好消息相互通報，說成「只要到老人家中坐坐、填表格，就可以一小時一千五」、「比居服員好賺多了，又不辛苦」云云。結果一下子來了大群人報名參加A個管訓練班，看起來很熱絡，政府當然高興，因為新政策如此有迴響。

各位不妨想想，要是真的很多有意投入的人內心是那樣想，做起事來會有什麼後果？尤其A個管

◀ 好撒馬利亞人故事源自《聖經》，廣泛用於許多醫療服務機構，並有各種圖示設計。圖是挪威基督教醫院的員工服務價值問答手冊中的用圖。三人經過受傷者，前兩人雖有學問地位又是猶太人，因不同的原因離去。第三位是猶太人看輕的好撒馬利亞人，卻因憐憫與愛鄰舍之心而勇於承擔風險停下協助，並進一步為傷者想到後續需要，成為近代服務價值教育典範故事。

和照服員都常常是獨自到府，怎麼進行，外人看不到。也不可能又發展一堆督導去監視。

然而實際上，A個管制度推動後，仍然挑戰重重。政府希望在照管專員忙碌下發展A個管增強居家服務品質控管的立意很好，而且期待A個管不但守望居家服務符合老人期待，更希望A個管能成為老人代言人、老人的生活指導教練，還要很有溫度，成為社區照顧、在家老化第一線服務輸送的明燈。真是寄予厚望。

要能讓這理想成真，當然A個管

▼稱職A個管不只做行政事務機械性辦事，更要能與案家充分互動，從案家立場看待生活期待（愛人如己），根據期待和實地環境，設想後續需要，支持案家有品質生活。

要有健康正確的職務理解，得到適當的養成訓練。所謂養成，不僅理解政府政策，也不只會填表格登錄資料，更應敏感警覺謹慎的看到老人處境，有基本知識理解。但訓練時間很有限，訓練方法互動啟發性有待增強，很快就給予資格上路。

後來A個管有的無法勝任而離職，有的與居服督導發生矛盾，也有的讓老人不知道到底A個管、還是居服督導、還是照管專員，誰代表政府？或者因利益和績效而與客戶一起濫用服務也曾有所聞。

▼ 稱職A個管不僅調度政府從納稅人收集的長照資源，也要看到案家的潛力與資源，促成老人互助與多贏。圖為物理治療師游耀東在臺中達觀社區鼓勵老人互相協助健身，更有參與動機。

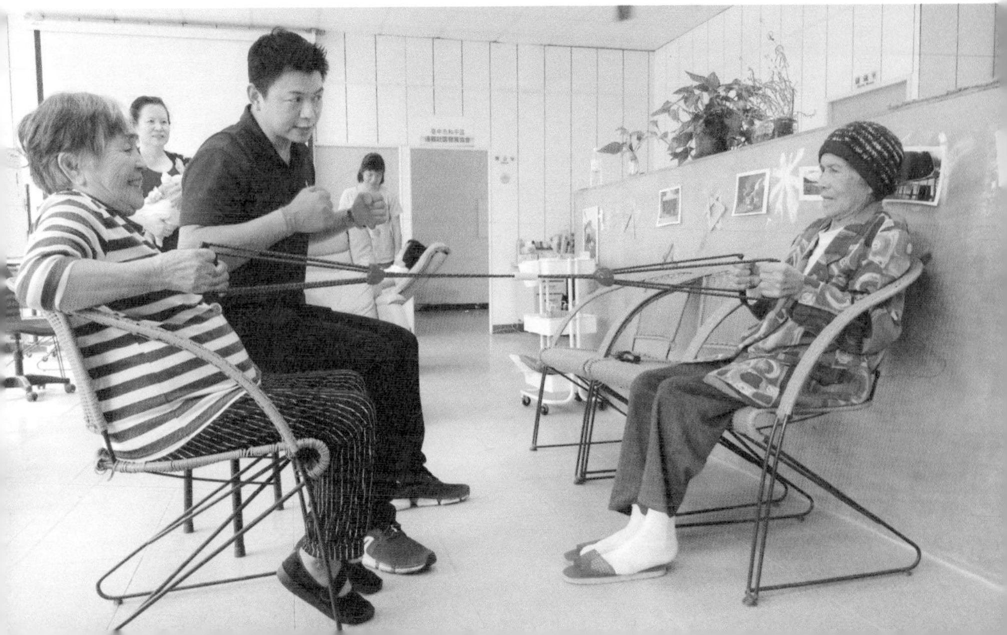

根據衛福部規劃，照管專員不會增加很多，可是想增加A個管。既然如此，一方面要檢討調整A個管與其他相關互動職務者的權責，並讓政策更穩定，於給付等規則模糊地帶更少，別讓他們常感無所適從或到處溝通疲憊不堪，或者容易與照專起爭執。但除了這些，還有更基本的，就是A個管本身的養成。怎樣讓他們對職務理解，能有更清楚實在的價值倫理理念，可秉持於例行服務，對不同客戶對象，知道怎樣幫助人。

談到價值倫理理念，任何人都說很重要。但是怎樣傳達？怎樣讓學員有感？怎樣啟發反思讓學員結合當下處境而能用出來？這問題從照管專員開辦就有人提到，但始終在摸索。個別服務故事當然是一種方式，也看怎樣詮釋。觀察其他西方國家，許多照顧服務的價值倫理基本功，常常引用《聖經》好撒馬利亞人故事開始。或許A個管甚至未來照專和居服員也可以考慮引用此故事。此處先縮小到A個管。

好撒馬利亞人故事源自《聖經》新約路加福音，簡要說，有個找碴的人問耶穌關於猶太律法的學問。耶穌說盡心盡意愛上帝又要愛鄰舍如自己。然後那人說「誰是我的鄰舍呢」？後來耶穌說了以下的故事。有人被打傷，衣服被剝光。路過三人中，前兩人有學問、社會地位，有看到受傷者，但離去了。後來，來了一位身分地位比前兩人低的，卻願意伸出援手，而且給他穿衣、擦藥包裹好了，把他扶起載去旅店，先忙自己本來要忙的，承諾付費。等於願意幫忙，幫忙幫到底。耶穌說完故事問那提問者，這三人誰是傷者的鄰舍，提問者說好撒馬利亞人。耶穌說你照著去做吧。

希望人對別人的痛苦不要視而不見，真正願意憐憫人的人比有學問、墨守成規、裹足不前的更可貴，能愛人如己成為他人的幫助。這個故事隨不同時代和不同引用處境而有很多詮釋，直到如今醫療照顧機構仍以此由基層推演核心價值和如何落實。

挪威有位護理學者凱利（Kari Martinsen）著有《照顧與弱者》一書（*Care and Vulnerability*），對好撒馬利亞人故事用於護理照顧提出一些觀念，認為故事啟示我們，照顧產生於有意願而且要有想像力與創意。照顧是有熱心、有憐憫合併技術展現專業，而不是在互動關係中展現權力，用不同眼光看見對方，懂得如何與弱者同在，想到用對方無助的暴露自己軟弱的眼光看世界。照顧者要靜下來仔細的瞭解被照顧者的需要，給予幫助，並且讓被照顧者得到活下去的盼望，並激發活下去的潛力。

若以這些觀點來看A個管，這個職務不只是領薪水填表格、幫客戶向居服單位聯繫增減服務和申訴代言。首先，要如好撒馬利亞人，以有別於前兩位路過者的眼光，用看得到弱者的眼光看到這人躺著、衣服被剝光、有傷，而且不是一點擦傷挫傷，是已經被打個半死，可能內傷，無力站立走路了。而且在路上沙塵多、驢子腳步聲中，他沒有被噪音環境干擾到。他對同類，對一個生命在路旁有感覺。他感覺到那人不像正常人應有的模樣，這樣是不妥的。他要出手幫助這看來不妥的模樣恢復原貌。他覺得他有責任。

其次，拿出A個管所有的，願意直接行動，隨即回應需要。好撒馬利亞人是不是護理師《聖經》沒講，只講是社會階層低於學者，是學者所屬看不起的另一種族群。願意動手，有時比有學問，但不願、不屑、不敢動手，或先考慮自己好處（能不能拿個研究計畫），都更務實。今天在臺灣，很多照服員到底社會看不看得起是一回事，但有些照服員自己認為別人看不起。A個管要是內心不改變，這樣想也是可能，不管出身是照服員還是護理師。

然而好撒馬利亞人成為即時挽救的希望，並不是因為他的社會地位和學問，而是他的眼光和憐憫，沒有去計較弱者是什麼背景，或者弱者會不會屬於兩位路過者一樣的族群歧視他。若是如此，好撒馬利亞人還可以展現他的權力與血氣氣憤來決定要怎麼因應，或許那傷者更慘。

另外，打傷弱者的強盜也可能再來把好撒馬利亞人也打個半死，搶走他的驢子、財物。如果好撒馬利亞人這樣想，不出手救人，趕快跑掉，則弱者反成了救好撒馬利亞人的人，也就不會被救了。

好撒馬利亞人後來去哪裡？是去報警嗎？《聖經》沒說。但故事記載了至少他本來向前走，用有憐憫心的眼光搜尋到路上、身邊人的處遇，繼而對弱者先裹傷，而且原文說，「包裹好了」，然後扶上自己的驢子，送到旅店，又對旅店說，「明日忙完會再來付費用」。就「包裹好了」而言，我們就想到A個管本於政策是要看守安排客戶的需要。

到底什麼叫「包裹好了」？「好了」這兩字就足以上好幾堂課。顯現出為薪水交差的園丁或管家，和真盡心盡力忠於承諾的差別。有這類思維太基本重要，表示照顧者出手要有反思能力。

這表示好撒馬利亞人能預想後續需要，預做安排、連結資源，從傷者的角度看世界和需要，有比較完整的照顧計畫，讓傷者得到連續性照顧。雖然他沒四處宣稱這叫「無縫接軌」亮點計畫。他不只是有做或藉著做積點自己的功德，或者消費別人展現善行榮耀自己而已。好撒馬利亞人自己有本來預訂要做的事情，但他會安排，所以把自己的事和額外遇見的傷者都處理好。

好撒馬利亞人把傷者送到旅店當然和繼續放他在路邊不同。我們不知道好撒馬利亞人和旅店老闆交代的時候傷者是不是躺在一旁，但至少傷者若非昏迷指數只剩三，大致知道被帶來可安歇之地。設想我們是傷者，得到裹傷又被驢子載，而不用自己走路，可一步步感受到有希望，恐怕可以活下來了。

若傷者聽到好撒馬利亞人交代，這是身體裹傷之外，言語心靈的支持。若不在場，照原故事描述，則旅店老闆會接手，以行動和言語讓傷者明白，也是相似的激勵效果。因為傷者會安心，有人幫他想未來，而不用焦慮沒人管自己。這正是凱利說的，透過同在與照顧給人希望相似。覺得有希望，有可能啟動身心，繼續爭取活下去的機會。這正是誘發潛力。

我們看一個故事不但看講了什麼，用我們當下處境學習應用，也可以看它沒講什麼，一樣可以激發討論。這正是一種批判性思考。例如，A個管的溝通很重要，這故事學不太到救助者和傷者怎樣溝通。我們可以集合多位A個管，發揮凱利說的想像力與創意去推演我們覺得應有的過程，然後再來反思用於我們的工作。但至少，憐憫的眼光、敏感度、願意的心，和後來很明顯的有完整思考和後續照顧的觀念，而且找到支持後續照顧的資源，安排成可用模式。而非不負責任的轉介、轉介後不關我的事。好撒馬利亞人還是負責了這弱者。

故事最後耶穌是用問提問者的方式而不是直接講答案，這是把選擇判斷的主權保留給學習者。由他自己決定，和由老師決定，學習效果不同。如果繼續是老師決定，這人本來就來找碴，可想而知會心服嗎？不心服，如何可能內化轉化？即使對談現場貼了「翻轉教育」的廣告旗幟，排隊領進修小時證明趕著走又如何？

過去我們的A個管訓練有無提到或這些元素如何來描繪職務的意義、角色？當然在今日科技環境，好幾堂課可以不必再耗時間聚集教室，而有很多操作方法。但能釐清基礎價值成為所有A個管不變的準則，對升學主義背景長大的人給予思考和自覺與自決空間，我們才能期望新政策不再常常是「先做再說」、「滾動修正」，有強大實在的第一線人員懂得如何本於專業支持弱者，讓弱者潛力發揮，真能推進照顧品質，有效運用資源。

## 2.3 比利時失智幸福感開發法

住在比利時聖伊麗莎白安養機構的八十五歲女士凱莉推著助行器到一排鳥籠前。不用人協助，不需人指點，開始清理鳥糞。對別人這可能不是輕省的工作，或者嫌髒、或者沒興趣，甚至嫌吵，但凱莉不這麼認為。來探視的女兒說，媽媽入住機構前多年來在

▲ 失智長者本來缺乏活動，經過使用主觀幸福感量表（WSW）觀察計算後，重新安排生活資源，每天快樂餵鳥、清理鳥籠，比其他制式活動都有吸引力。

家就是這樣生活。社區正好有別人送來無法照顧的鳥和鳥籠，成了凱莉每天早上起來期待的事。

凱莉清垃圾需要一個多小時，不只將墊鳥糞的報紙一一抽出換新，還要掃鳥啄食飛出的稻草雜物。她特別喜歡其中幾隻，常來觀察。安養機構在這一排鳥籠前方別上如獎牌的標示，加上她的名字。這是她專屬的工作！

如果沒看到凱莉做清理鳥籠的工作，乍看會覺得她已羸弱，好像做不了什麼了。旁人一群在打牌，也不是她的興趣。她寧可一人坐在打牌間隔壁的另一間客廳默默的抱著小狗。鳥和狗帶來樂趣，補強因離家入住機構的疏離。

這就是凱莉的生活！聖伊麗莎白安養機構不斷引進新的住民評估方式，瞭解住民的生活史，以及失能入住的生命階段，有些什麼特質或興趣，進而發展個別化適合的生活方式，支持住民人人各得其所，活下去

▼ 安養機構有活動設計組，針對不同長者特性設計活動，達到個別化和活出意義與價值。

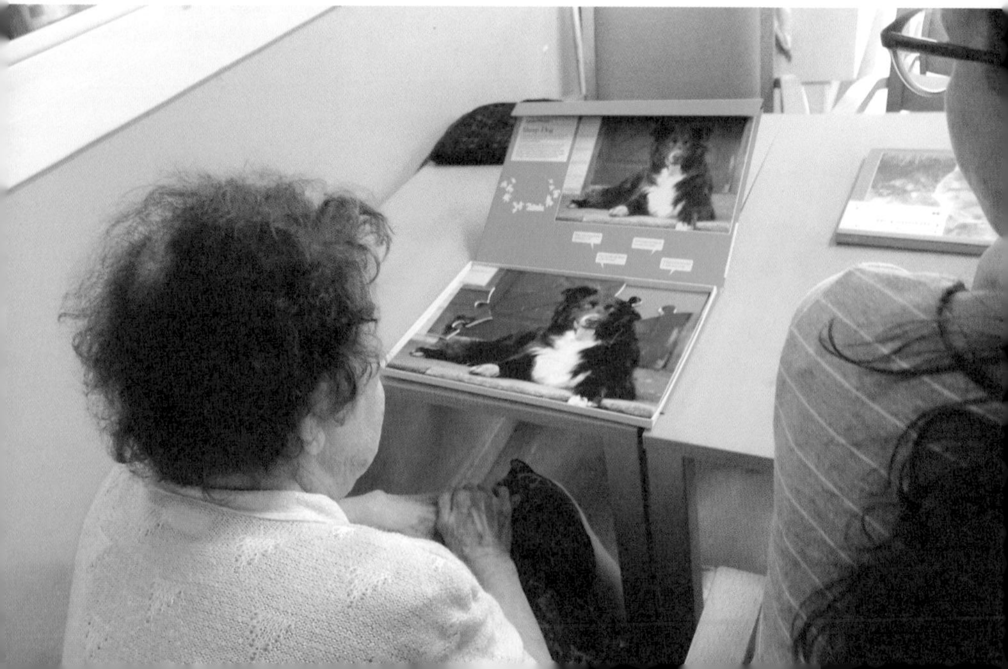

有意義。

凱莉在餵鳥、清掃鳥籠的時候，那五人打牌正熱鬧，為什麼是這五人？不是更多人？要不要拱其他沒事做的來加入？不必！也不用把這裡的人數湊多一點，應付表面生活榮景。

負責第一線接待所有住民入住事宜的社工表示，每位住民進來時都實施了國際健康功能與身心障礙分類身體功能評估（ICF），但因為許多人已經失智，不一定能清楚說明自己希望的生活方式，管理人員引進比利時大學職能治療學者Koen Geenen開發，專用於支持失智者幸福感的觀察量表（WSW）來協助找出如何設計照顧。

職能治療主管宜安說，這套量表有三十個觀察問題，讓基層照顧者在住民入住前兩到六週記錄住民的行為表情等等。希望由此找出住民主觀的生活偏好和期待。

照顧者觀察後，可以在每個問題後方表示住民對觀察敘述生活行為表現展現評分，屬於：不適合判斷（0分）、可能判斷受到限制而看不太到線索（1分）、適合判斷但不常有（2分）、非常普遍（3分）等四種等級。

然後採用學者Amelinckx與Marcoen（2002）對幸福感歸類的六個面向來分析。這六個面向包括：

1. 身體健康（老人如何對自己身體現況和外在環境有積極回應）；
2. 心理健康（對失智的適應、對他人有多依賴）；
3. 社會福祉（能和別人在一起、感到歸屬和快樂）；
4. 文化福祉（對空間設計、花園、環境有積極快樂的表現）；
5. 生存幸福（不同時候可能因活在一個故事脈絡能因被照顧而順利扮演角色）；
6. 物質福祉（對周圍物體因有安全感而有興趣和互動）。

經過分數總加比較百分比，從上述歸類找出住民生活幸福的優先順序，然後由照顧團隊各從專業與經驗一起去找出適合的照顧安排。換言之，這觀察量表不是要找出困擾行為等負面因子，而是透過客觀觀察，揣摩住民眼光看世界的生活偏好與尚存能力。

觀察問題舉例包括：喜歡穿戴衣服、珠寶、彩妝、髮型，自己或別人讚美打扮感到自豪；喜歡擁有特定物品；經常透過窗戶看，好像在尋找什麼或外面有吸引的人與物；

每週要經歷幾次情感困難（例如悲傷、憤怒、嫉妒……）；喜歡參加文化娛樂活動（例如唱歌、表演、電影）；喜歡有特定角色或任務（例如母親、伴侶、鄰居、用洗碗機等）；在乎房間中個人物品（例如照片、圖紙、衣服、家具……）；對運動活動（例如散步、體操等）做出積極反應；精神活動對行為（例如慶祝活動、教堂儀式等）有積極影響；尋求身體接觸或對觸摸做出積極反應；喜歡在附近有孩子；會照顧他人或受到其他老人照顧（例如喝咖啡、穿上外套）。

有了觀察工具與方法，讓團隊成員彼此合作有目標，照顧者與被照顧者的關係可能更好。凱莉只是一個例子，同時看到不同面向的幸福感。她並沒有對人生失去興趣，只是需要被理解。她的身分價值在這樣的生活得到確認，她的功能可以發揮。這和無法切入她的內在世界，僅僅拿著撲克牌等遊戲玩具去問想不想玩，而一再被她搖頭的照顧互動自是很不一樣。

現在我國也在積極發展失智照顧，我們有很多日間照顧中心，未來會有更多照顧機構。希望根據生命史來照顧以及重視個別差異已經多次在教科書與訓練提及。然而實際運作時，我們得到醫院確診資訊後，如何接手被照顧者，我們需要工具和方法，這是通往滿足失智者的橋梁，才不會憑與一般人互動的本能去面對失智者，造成無謂衝突。

WSW是個例子，是硬體之外重要的軟體，甚至也影響個人環境的建置。想想看，一個機構九十二床住民，全部經過這種判準來發展照顧和都不這樣做，照顧負荷與住民幸福感有多大差別？除非，經營者已經打算給吃給睡、維持無醫糾就好。WSW啟發我們，從事失智照顧，給多照顧

▼ 失智者主觀幸福感觀察有六個面向。圖是一位失智住宅長者的客廳茶几。因發現他對物質類的耳環首飾特別有興趣，而特別支持他的茶几和別人的不同。保留收集他有興趣的首飾。這是他有歸屬於此，願意生活在此的助力。

和硬體不如給得少而精準。而且，正面思考找出失智者還能享有生活的潛力，他們即使在失智處境，仍經驗到許多生活的美好。

## 2.4 瑞士機構簡介見人味

來到瑞士蘇黎世聖保羅彼得安養機構，令筆者感動的是他們經營核心理念是：好的安養機構使人感受到值得住也有勇氣活到老，重視住民的生活意義，有空間讓人感受到活得如人類。

每個人都會變老，儘管失能、失智或有很多疾病重擔，還是值得住在這裡，可以聊天、說話、笑、做夢、做飯、吃飯、音樂活動、玩、辯論……，重視生活的多樣性。給予住民關懷和支持，給予住民盡可能多的獨立性和盡可能多的專業支持，規劃明亮友善的房間和公共空間，盡可能支持住民生活的多樣性。

這裡的新住民第一天是怎樣情形？通常，新住民第一天會在早晨抵達，並由家屬或親友陪同，照顧者在門口歡迎新住民，隨之而來是熱烈的掌聲，照顧者將他帶到房間，介紹內部及周圍環境，熟悉環境。午餐時照顧者會邀請家屬或親友一起參加；晚餐後，許多住民會主動來歡迎新來者，彼此認識。

生活不是一連串的等待，等著吃、等著喝、等著洗澡、等著睡，而是創造生活幸福感，活得有意義。上午七點半，早

▼ 瑞士安養機構簡介表達了設計的價值理念。

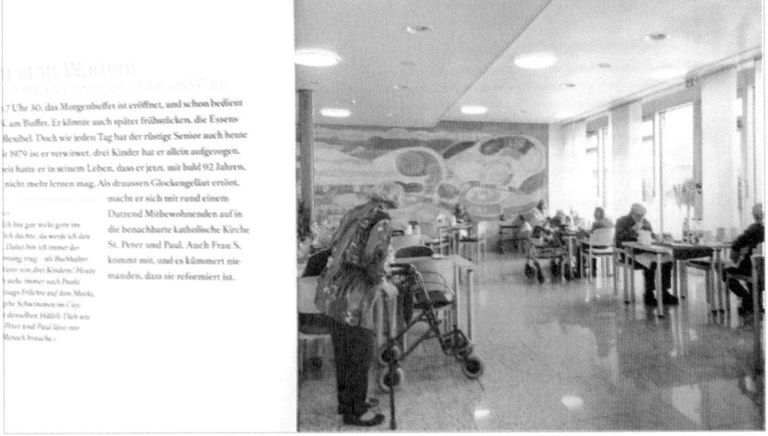

餐自助餐廳開放，住民想用餐時就可來享用，晚一點用餐也無妨，用餐時間靈活。之後，可以去市場買水果、可以去教堂參加詩班唱詩、也可以去室內游泳池游泳。

住民的自決和共同決定是聖保羅彼得安養機構重要的經營原則。例如討論活動中心的地板材質是要地毯還是木板？地板要用什麼顏色？住在這裡的任何人，可以感受到這是他的家，感覺就是在他的家過生活。喜歡音樂的住民，有時也舉辦小型音樂會，可以唱家鄉味的歌，二重奏或四重奏樂器表演，照顧者會為演出的住民喝采，住民和照顧者同得其樂。

▼ 安養機構廚師在瑞士非常受到尊重，也是高度專業。不但能執行日常備餐且有研發能力。良好的教育是基礎，帶來工作能力與自信。

接近中午，廚師會備餐，提供味道鮮美的餐食。想要參與的住民也可一起備餐，單獨烹飪或在激勵的支持下完成備餐。在專業的支持下，為失能或失智者的日常活動增添多樣性和歡樂。住民進入餐廳時，牆壁上有瑞士著名水彩畫家的作品，令人賞心悅目，友善的員工在接待處歡迎住民，住民可在室內餐廳或庭院與照顧者坐下來聊天、吃飯、休息，有兩位住民分別為八十八歲及八十九歲，他們相識了六十年，之前在醫院工作認識，二〇一一年來他們一直喜歡住在這裡。

下午有一段時間什麼活動都沒安排，並非所有住民都能或都想參與機構的休閒設施，但仍能活躍老化。例如有人喜歡畫油畫，將他的房間改成了畫畫工作室；有人喜歡彈琴，他的房間有一架電子鋼琴；有些住民喜歡與朋友一起在咖啡廳的沙發上聊天、喝咖啡，放鬆身心，廚房也提供親切的服務。夏天下午天氣熱時，照顧者會在院子的露臺上用五顏六色的盆子放冷水，供住民洗腳。

晚上在房間裡若孤單或害怕，也可與照顧者或牧師交談，得到支持。住民看重的，有時不是食物或活動，而是照顧者敞開的心和真誠的關懷以及同理心。

我們也可以想想，我們的安養機構如何呢？如何使人感受到值得住也有勇氣活到老，重視住民的生活意義，有空間讓人感受到活得如人類。

## 2.5 照顧需要覺察、質疑與對話素養

有個公立安養機構照服員最近接到營養師指令，說因為去其他機構考察而決定調整管灌之後的每次給水量，從一百cc變成五十cc。以一般需要管灌者每日生活所需水量，每次給水一百cc都可能很不足，更何況五十cc。照服員們就根據交代，把管灌都改成餵食後補充開水五十cc。

這對長輩健康不利，有些住民的發炎等問題更難改善，還有的排便也不理想。其實，任何人若無足夠水分都可能帶來健康風險，何況無力自主維持健康的人。但照服員

在目前的養成和一般機構的工作文化，這種水量更改的要求，形同命令照辦，似乎不太容易有反思對話空間。

事實上也可能營養師考量有些長輩腸胃不好，若灌食後一次給較多水，可能造成胃部有壓迫下垂的不舒適感，也可能希望把水分散到其他時間。

另一例子是有位牙醫說，他來安養機構教導口腔清潔，叮嚀照服員要用牙刷才能徹底清潔。但在這位牙醫來教導之前，有位護理博士也受邀來教導口腔清潔，主張用紗布清潔。牙醫很堅定的說要改，不然仍有衛生風險。

▼ 日本安養機構有口腔衛生士定期服務。該怎麼做，大家有一致的基本理論與技能。

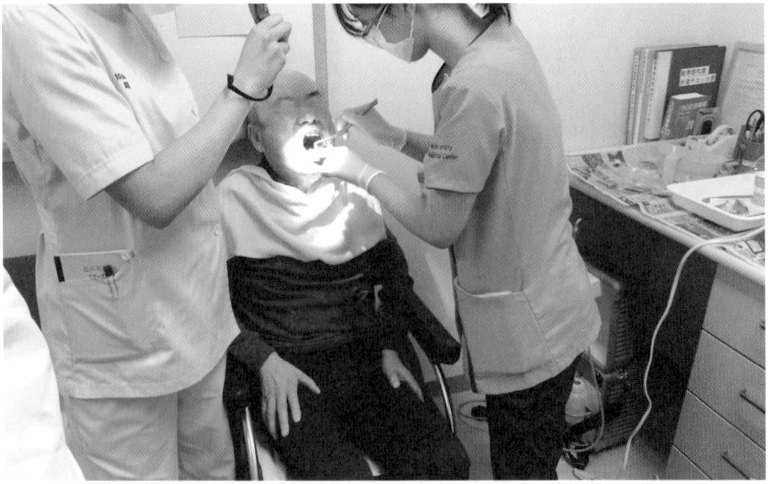

幾天後護理博士來了，很不高興看到照服員改變對住民口腔的清潔方式。這時照服員說因為牙醫這樣建議。護理博士更不高興，揚言再用牙刷而不照原先教導要求的紗布清理，以後就不來指導了。又隔幾天，牙醫又來了，繼續曉以大義式的誠懇勸說用牙刷。結果照服員相當無奈，以後凡護理博士來，就把牙刷藏起來，牙醫來再拿出來。

其實，對無法自行清潔口腔的人，到底要用紗布還是牙刷，也看個別情形。但能確實清潔而且在實際工作流程可行最重要。紗布和牙刷各有優點，靠

▼ 日本重視國民口腔衛生，從小就詳細教導各種危害牙齒的飲食。

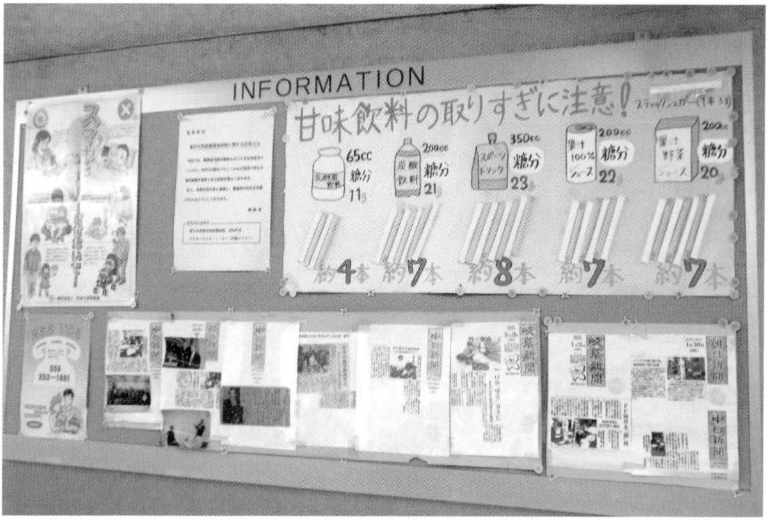

紗布可能比牙刷清潔的好嗎？老人口腔黏膜薄，怎樣用牙刷不會弄傷？可以討論、可以觀察、可以就面對的對象來斟酌。但如果永不願交流或無機會，而照服員因訓練有限，也不敢質問高學歷的護理博士和牙醫，那藏牙刷的戲碼就持續，這樣對誰好呢？

還有個故事，安寧病房照服員看到患者發抖，懷疑尿多，提醒護理師或許要導尿。護理師說那是腫瘤。但照服員根據經驗還是覺得可能是憋尿，就翻閱資料並詢問家屬，才知道腫瘤不在腹部，又去告訴護理師。

可是護理師還是不接受，並回答，「學姊說是腫瘤就是腫瘤」。是護理師必須聽從學姐來落實專業和趨吉避凶的文化，還是護理師認為照服員不過就是一百小時訓練的幫忙者，其話不足信，不得而知。但結局是幾小時後醫師來觸診發現真的就是膀胱太漲，導尿才讓患者紓解。

照顧是門藝術，有足夠的知識基礎帶來自信；有良好的訓練方式能帶來溝通合作；有成熟的價值教育，能瞭解自己是誰以及職責所在，而能做患者的代言人。如今我們的長照還在發展，因為起始設立制度和角色定位，以致於照服員成了快快學，快快拿證

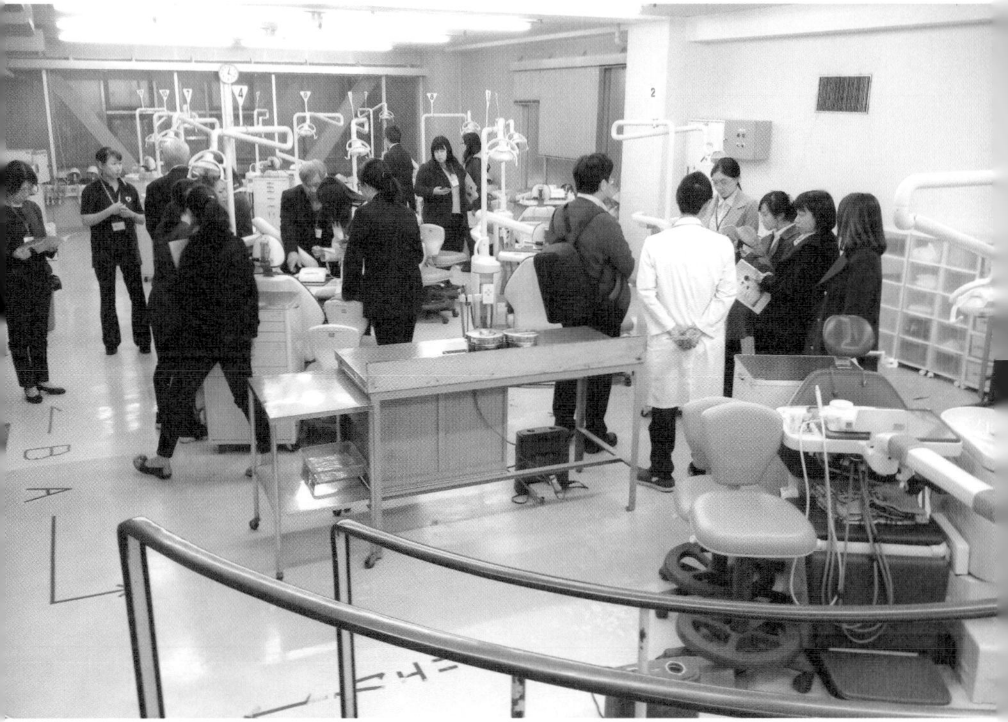

▲ 日本有 158 所口腔衛生士學校大大貢獻口腔衛生，尤其失能長者。我國始終因利益團體反對，類似職務難以普及。連帶影響我國長者口腔保健和連帶的各種疾病醫療開支。

書；快快考，快快得單一級證照的行業。不容易養成技術理論知識思辨的素養，更難和醫護人員有共同語言，難以形成真正的團隊照顧。這種現況繼續，受害的被照顧者還不知道有多少。

幾年前荷蘭居家服務公司博祖克

在國際間引起轟動，我們去考察的人不少，後來直接把博祖克找來臺灣也辦好幾次講習。博祖克很看重照服員能有效的充當客戶和醫師及各治療師的橋梁。博祖克執行長佑司告訴我，因為照服員有足夠的養成和經驗，所以不論用藥還是手術後返家等，凡客戶和家屬有疑問或緊張狀況，照服員都能當橋梁，轉換意見以不同語言和兩造溝通，這讓照顧服務更為穩定可靠。可靠就是一種品質，對仰賴服務的老人尤其重要，因為於生理實質技術照顧和心理安全感都有幫助。

上述的管灌後每次灌水多少、清口腔用紗布還是牙刷、發抖是憋尿還是腫瘤，若我們的照服員養成時間和方式有如先進國家，才能有更多第一線服務者敢於不做聽命機器，願意且能夠提出討論維護病患權益，則照顧品質會多麼不同，可以想像。頻頻砸錢的長照，還可以結餘多少供下一代使用，不是很好？

## 2.6 從制式化照顧省思倫理

「這樣做，從住民（客戶）角度看，是妥當的嗎」？外國長照機構主任受邀來臺灣講習，常向本地機構照顧與管理人員提這個問題，鼓勵大家精進。創造對照顧者和被照顧者都好的更新服務設計。

我們臺灣有很多安養、養護、護理之家。這些地方住了許多不同程度失能、失智的人。每天在機構經歷起床、飲食與生活作息。相當多的機構固定時間開飯，採取集體用餐，這是多麼習以為常的現象和做法。大家一起用餐，有什麼不對呢？如果有人現在還不想起床呢？如果有人還不想用餐呢？

有的機構設定早上六點半用餐，所以早班照服員在六點甚至五點半就把所有住民叫醒，照顧者同一時間要忙很多住民，如打仗一樣。飯在飯廳，有人想多睡，等一下飯就收走了，沒得吃。想再吃，自己得花錢到外面買。

▲ 衛福部南區老人之家重視創新，實驗挪威方式幫助失智長者好好吃一餐飯。

▲ 設法幫助失智者用餐的實驗發現，找適合的照顧者陪吃，擺漂亮的花有助失智者言語和行為優雅、心情愉快。照服員巴秀英與不同族原住民老人溝通無障礙，給予支持。

外國主任提出疑問後，機構管理人員說，「要順著這些人嗎」？「這是他們入住前就講好的，他們接受才可以住」！「讓他們晚點吃，照顧者還要花額外時間收盤子」。

將心比心，如果你我在家可以自由安排起床時間、飲食和作息，失能、失智去安養機構，人家要你天天配合規定，你心裡的感覺如何？當機構管理與照顧人員思考的語言是「要順著這些人嗎」？他是怎樣看待長照和機構居住意涵？照顧者與住民互動，彼此位分和專業關係存在著要不要順著的問題嗎？

這取決看這互動是軍隊、監獄、新兵教育、新婆媳？還是服務或者其他想法？不肯給人一點好處？免得得寸進尺？或者冒犯管理者的權威與面子？

也許我們不要吹毛求疵抓人語病，但管理者因外國講師的提問而將習以為常的流程與方式，開始多想想妥否？為什麼？是維持尊嚴的因應方式嗎？

後來，管理者心開如電線接上了，想到的確基於不同生理特性和習慣，是有一部分人需要或期待晚一點用餐。這可能也是潛在照顧衝突來源。因為有人老是被催促做不想做的事情。

繼續討論，「不同時間吃飯，餐食冷了可以接受嗎」？「廚房打烊了，這樣廚師會不高興，沒有地方熱」！「飯桌還要再清潔」。

想想若你在家裡，這會成為很嚴重的、難克服的問題嗎？每個人來機構前各有作息，我們本於何種經營理念，要求入住後樣樣配合機構？我們內心覺得這是管理看管還是照顧？什麼是照顧？

當人要在此住到離世，對被規範的生活方式，而無力表達或改變，不能參與自己生活的決定，感受如何？

歐洲許多國家基於住民幸福感，多年來已在調整上述理念，讓更多人可以如在家生活。發現這對照顧者和被照顧者都好，因為人可以做自己，活在更有安全感、自主性的情境。經常被徵詢，而不是被命令指揮或無言的制式流程牽著走，走到人生盡頭為止。

至於這樣會不會多出很多照顧者工作負荷，取決照顧者工作理念養成，照顧者態度、溝通方式，和照顧者們彼此互動氛圍，而不是只取決到底多了多少工作。

用餐、盥洗時間外，另一牽涉制式流程合理與倫理的，是辦活動。外國老師訪視，

▲ 衛福部南區老人之家工作人員正在擬眞演練不同長者如何照顧。白色汗衫者是替代役醫學生，紀錄者是許培溫科長。

機構管理人員安排了不同樓層參觀。有些老人在進行大型數字看版投擲，外國老師問，「為什麼做這活動」？陪同者起先愣一下，因為以前沒人問。想想，回答，「是防失智」。外國老師問，「為什麼一起做」？答，「因為怕他們不來會憂鬱，所以要一起」。

老師問，「有人覺得幼稚而不喜歡呢」？陪同者答，「會積極邀請」。外國老師說，「如果有人不願意，天天被邀，又跑不了，也沒別的活動可以做，甚至想做的一直得不到，再繼續被邀，做不願意做的活動，是不是反而更憂鬱」？陪同者不知道怎麼回答了，然後，尷尬的苦笑。因為這裡過去相對較少去想這些問題。

陪同者坦言，甚至一年有許多時候，住民還要配合外面來的表演團體，集合去看表演，實際上是被推去幫機構充面子，「以免場面難看」。

當一年到頭，管理單位邀請許多慈善團體，或許多團體主動想來表演，名為「寒冬送暖」之類，到底誰是主體呢？長期這樣營運的機構，除了住民感受值得探討外，基層照顧者會不會快樂有成就感？恐怕也可議。

我們的長照訓練也不一定很能幫助進步。因為許多習以為常的營運方式往往被認為理所當然。例如要大家同意過團體生活，而忽略個別需要。未來要能更深入建立倫理價值的根基，保有反思的心，願意開放討論的態度，則例行性的與制式營運，還有很多地方可改善更好。

## 2.7 芬蘭機構活動方式與意涵

在芬蘭東部安養機構探視前恆春基督教醫院護理師時，正好是中午時分，住民陸續用餐。這裡用餐是自助式，廚師服裝、態度、餐食都很專業，每天提供保留食物原始形狀、顏色，又容易咀嚼的食物。

這不是在別處中央廚房加工好，送來這裡溫熱一番，而是現場做的。因為這樣才有持續更多的多樣香味，引誘住民食慾。

但還有一個特別的，就是等候排隊的地方有個大板子，寫出今日菜單，還有相關的字詞圖畫。吃個飯為什麼那麼複雜？又不是中學生要升學考，連飯廳、廁所都要到處貼單字背書。

其實這是機構安排的一種活動，是重視延緩失能又希望增加生活樂趣的一種環境刺激。過去我們對老人「活動」，可能的定義和想像空間是提供一些器材或者一群人做運動，也可能是搭遊覽車出去參觀旅遊。

然而對行動範圍逐漸有限的長者們，活動的意義可能要重新界定和設計，才能更支持他們保有較佳的心智體能。保有心智體能，就保有自主性，保有自主，就是張顯尊嚴！

以上述與今日餐點相關的字詞看板來說，吃是基本需求，生活不便後，吃的重要性更放大。每天不一樣內容，從每天供餐相關字詞有些聯想，增加生活趣

▼ 芬蘭東部機構備餐重視氛圍與說明，以刺激老人生活更有品質。

味。而且放在取餐動線旁，把字放大加以美化，長者來取餐很自然看到，排隊稍有等候看得更久。現場有餐點視覺、有餐點香味，在這兩種元素出現時，再增加那些字詞，這也是照顧人員的參考資源，可用來與老人互動。

從失智退化相關學理可知，初期退化常表現於忘記字詞，這是溝通的基本素材，不斷複習有助表達自主和生活自信。從幾個字詞再加入聯想，能練習頭腦連結，設法找回早期記憶存有的字詞。

比較積極重視老人活動的照顧機構通常在發想和規劃活動時，工作人員除了重視徵詢老人的期待之外，還會先充實基本知識，來更有效安排。

例如美國老人照顧專家 Linda Levine Madori 所著《藝術治療》（*Therapeutic Thematic Arts Programming for Older Adults*），介紹發展活動前先討論基本學理。提到五種感官刺激對老人認知功能與幸福感重要，但腦部掌管功能更細分十一區，例如聽、說、讀、問題解決、感覺、看、接觸、平衡、移動、覺察與肢體其他身體連結等。

除了溫習字詞，如將菜單字詞進一步來組合，還可以練習程序。再很自然的有些徵詢式討論，可能瞭解老人用餐期待或者引起老人以前回憶。這樣，從腦結構不同部分掌管不同功能而言，可以幫助長者繼續用到各種腦功能。

對行動自如的人，放個大菜單可能只是菜單，他們可以自己找的刺激很多；對生活範圍越來越小的長者，這是路過的主要刺激。能把握每個可能產生刺激的元素，在自然的動線提供吸引人的感知樂趣，這也是活動。挪威非常有名的安寧醫院，甚至擺了個巨人適合坐的大椅子在院內散步動線旁，也是類似的原因。

其實，營造生活樂趣和刺激品質的活動，不一定只靠有形器材、固定時間和固定場所，而是理解原理、觀察對象特性、掌握目標，然後不放棄任何機會，將基本生活作息，如洗澡、刷牙、用餐都合宜的置入正向刺激方式，和只是弄個排班作息表，上午十點丟丟球，下午三點玩牌相較差別很大。照顧者積極思考，能帶給長者更豐富的生活品質，當然對照顧者的生活品質也有幫助。

# 2.8 挪威失智同理照顧

清早在安養機構，一位照服員覺得天氣好，很希望給失智住民一個快樂的開始。照顧，不就是希望多給人幸福嗎？於是照服員拉開窗簾，對床上的長者說，「早安啊，今天有美麗的陽光，還有很好的早餐」。不料長者忽然退縮成畏懼狀，不認識進來的人，可能大叫說，「有人要抓我」！這讓照顧者困惑挫折。

這種情況其實並不特別。因為感覺到外面的陽光美好，是從照顧者角度體會。照顧者所說的話可能被照顧者不一定理解，若說得快一點，窗簾拉開的快一點、大聲一點，更有機會讓床上長者不知道怎麼辦。

這是挪威國家老年健康中心專責失智照顧的教練葛莉赫爾常舉的真實例子。照顧者有一套自己的價值標準，許多時候照顧者用自己的感受決定怎樣照顧失智者。自己的感受是真實可靠的，但對失智者來說，這個當下的真實不一定是失智者當下的真實。例如失智者因為疾病，可能一早正處於以前某一段人生的處境，他難以一下子轉換，而且他不一定會講得出來他正在人生的哪一段。也許他正是青年時期的某一刻，也許正被威脅，或者正是快樂。

赫爾老師說，這時若照顧者因每日例行工作而入內要開窗簾，可以先探視瞭解住民的情形。若是瞭解長輩的過去，也許能猜得到長輩當下想什麼。這就可以隨著長輩還在思考的情境，慢慢輕聲敲門，介紹自己，用柔性方式創造適合那情

▼ 挪威國家老年研究與訓練中心的老師 Gry Hole 詳細解說照服員訓練中的失智照顧如何進行。照顧者學習要能從失智者的眼光看世界。

境的安全感和詞句甚至音樂，讓長者得到安全感，一步步引導長者回到現實。也許猜不到，至少照顧者可以多根據此長者的歷史，來設想到底一早適合哪些方式探測接觸來引導長者起床。這可能反而快些進入建立關係與信任。

赫爾老師說，不同長者有不同習性，有的希望握住玩具娃娃、有的希望特定對話語言，各有可能最適合的方式，不同的照服員應交接這些資訊。例如有位長者年輕時可能與他的長輩去釣魚，也許為這位長者安排生活，照顧者備餐可以與他一起吃魚。照顧者在長者面前吃魚，可能激勵長者也動手吃。這時可能一、兩個關鍵字，例如鮭魚、鱒魚，這些字可能如扳機一樣啟動長者的思維，然後可以一起回味早年長者的長輩帶他爬山、釣魚的快樂時光。所以長者的生活史若被善用，可能創造很多失智的「當下美好時光」。

又如有些人年輕時在農場長大，熟悉牛奶。可以從牛奶開啟話題，但是別用現代化的牛奶盒子當工具，因為牛奶盒子長者可能不認識。而可能是從牛奶的味道或者相關的圖開始。問詞也許不知道，圖卡也許有機會。說不定他又想起農場其他的東西，如胡蘿蔔等。

如今在我國，失智照顧逐漸受到重視。但在真實失智照顧情境，常常發生衝突，甚至演變成嚴重暴力。例如強餵食物，在失智者表示不餓或者未對進食表示回應時，硬拿湯匙想把食物塞入長者口中。就如赫爾老師所說，照顧者本於好意，或許看到長者飲食不足而希望幫助長者得到營養，甚至覺得反正長者頭腦不清楚，只要哄騙或硬塞，沒噎住能吃也就吃了。殊不知長者可能頭腦神遊到另一生活階段，硬塞可能造成突兀害怕而畏縮反抗，若正好反抗傷害到被照顧者，可能引起被照顧者惱怒。有些照顧者甚至說，你不吃我沒法下班，護理師說你不吃不能去想去的地方。這類溝通甚至等於威嚇或條件交換，加上表情氣氛，往往更引來長者不快。可是照顧者可能不明白引發衝突的是自己，尤其照顧已經很辛苦，怎能說自己是錯的。

回想赫爾老師提醒的，我們本於善意，用自己的感受去面對失智者，而忽略失智者的感受，可能反而更慢進入失智者的世界，造成照顧更費力、更慢。這需要同理與耐心。

至於理解長輩生命，有些安養機構會在長輩的床頭貼上「我喜歡看電影」、「我吃素」等等，或許在急性醫療院所短暫居住，這對基本的話題與溝通照顧禁忌有點用處，

▼ 失智照顧有越來越多的知識與方法。挪威 VIPS「從失智者的眼光看世界」訓練講師 Janne Røsvik 來臺講解基層照顧者如何有效開會運用知識，為不好照顧的行為找到降低照顧者負荷與彰顯被照顧者尊嚴的創新個別化照顧方式。

可是失智長期相處，這就不足了。現在有越來越多新的方式去蕪存菁的把長者生活關鍵重點與相關詞彙圖片和音樂匯集，加上數位科技協助可以延伸資源，都可為辛苦的照顧帶來更多正面經驗機會。

至於我們為什麼要如赫爾老師所說的這樣細緻、慢慢地小心接近失智者，引導他們有安全感和好的感受？我們為什麼要為被照顧者花這麼多心思？這已經挑戰到最基本的議題，就是什麼是照顧？我們為什麼從事這樣的服務？這份工作的責任與目的是什麼？還有照顧失智與一般失能有什麼不同？若這些議題沒有清楚省思就快快拿著一百小時照服員證書投入工作，彼此風險都很高。每位照顧者若對這些議題持正面態度，照顧失智就如同帶著一串鑰匙，用適合的鑰匙才能打開溝通互信安全之門。這不但嘉惠失智者，也幫助很多照顧者！

# 2.9 疫情期間怎樣改善孤立

筆者長期關心的荷蘭長者漢斯先生，退休前是福音廣播傳道人，除了製作講道節目，還擅長製造管風琴，現已九旬。因為失智，從家裡轉住教會開的安養機構。他太太幾乎每天去看他，所以，保有相當程度互動，也成為生活品質重要元素，只是生活起居和基本安全由機構照顧者幫助。二〇二〇年年初筆者去看他，雖然他不認識筆者，但是仍然會對筆者微笑。

因為防疫，現在荷蘭和許多國家相似，縮減機構探視機會。有些照顧區之間，更分隔照顧者專責而不互換往來。一下子這位老先生的生活步調和人際接觸機會大為改變。據他太太告訴筆者，漢斯無法理解發生什麼事，只能感覺到失去過去的生活安慰和支持。失智，雖然不是完全沒有理性，但越後期越依靠的不是認知而是感覺，他的感受可以被理解，機構還能做什麼幫助他？

這裡有照服員不是基督徒，但按著被照顧者背景去思考，找來〈永不孤單〉詩歌放給漢斯聽，房間內牆壁上還弄了塊〈永不孤單〉的布條提醒。漢斯聽到這首和其他熟悉的詩歌還會跟著吹口哨。

此外，有位基督徒照服員看到漢斯住房牆上有「環球福音廣播」退休紀念牌，就帶他在睡覺前讀詩篇給他聽，照服員發現，他能接著背下去。然後照服員問漢斯，「要一起晚禱嗎」？漢斯的眼神突然亮起來。後來，這位受激勵的照服員通知漢斯的太太說，「人失智，住在其中的聖靈沒有失智」。

漢斯的故事從失智照顧原理可以理解。因為失智的人許多都能對音樂有反應，尤其他們早年熟悉的歌曲。對這位傳道人來說，很多詩歌他熟悉，用音樂和他的信仰以及簡單的文字，加上有意義的互動陪伴，營造一個帶有增加安全感元素的情境。總體來說，是加分的。如果嘗試發現有幫助，就可使用。

另外，根據英國學者 Kitwood（1993）指出，影響失智外顯行為的因素包含腦細胞壞死、疾病、人格特質、生命史、社會參與感。所以失智不等於只有記憶受損，還合併很多因素影響生活。這機構的照顧者於防疫期間給漢斯的支持，從這五項因素的生命史切入，掌握個別化特質。雖然太太沒來，但是照顧者不忽略此人生命史累積的豐富資產是照顧資源，能酌情適度打開非實體不額外花錢的生命經驗之箱，除帶來愉悅，也不斷讓漢斯從中感覺到被接納。這比口頭形式的安慰和不作為要強得多。

現在因為防疫，長照安養機構幾乎都禁止訪客。從防疫角度看，有其必要，一則病毒特性未知部分

▼ 疫情期間許多安養機構大門緊閉限制訪客，固有其考量。但如何考慮住民感受，而本於專業，勇敢的創造、保有住民社交機會，很考驗主管。臺南美佑護理之家主任蔣美華用這種方式讓快一百歲的住民仍可見到兒媳。在全臺一片開放訪視很難的氣氛中展現專業中的專業。

多，二則難保所有民眾有一致的防疫水平。這也造成另一個事實，就是失能、失智者原來最賴以感覺到生活品質的人際互動機會大為降低。實際上有些國內機構因為許多長者孤單，若有一人的親友來探視，可能對其他住民都有幫助。這例子最近發生於一位臺北退休師母到新店安養機構，變成其他住民也期待她來。雖然都是失智！

對長者來說，能避免疾病保命當然重要，可是來日無多，活下去最好能天天感受到意義。能有人際互動是意義的重要來源，感覺能理解自己的人不見了，也不懂為什麼，是很辛苦的。持續處於不明狀態會引起焦慮不安，進而降低免疫能力。就算不被冠狀病毒侵襲，也可能在老化身心帶來強烈衝擊而有生命危險。只是這類危險不會受到媒體重視。

這時，若機構照顧者與其互動僅止於維生，忙著來去，則住民和被當動物就相差不遠。然而不能突破防疫規範，不表示真的要變成如動物一般度日。其實換個角度看，因著防疫，可以更有機會省思我們平時到底怎樣對待長者？到底什麼對長者是優先重要的？防疫實在不等於生活中正面元素都要停止。

許多國家已針對處境往前走。以荷蘭隔壁的比利時為例，城市失智共照諮詢中心的網站，[5] 就在專家聯合討論後公布多種替代方案。同時顧念失智者與家人，所以打出「我的失智親友會不會因防疫更忘記我」？為標題，要鼓勵親友。循著先前失智友善的主軸「忘記失智、記得人們」，找出包含增加帶有幽默感的活動，還鼓勵越是防疫越要增加活動，只是活動考慮到防疫隔離，盡可能發展感覺和情感直接增強樂趣。

5 請參見：https://www.dementie.be/。

▼ 防疫要考慮許多面向和認為所有人一樣尊貴。圖為臺南美佑護理之家考慮移民看護喜歡吃的水果（與供應給長者的不一定一樣），主任特別自己跑去玉井買，讓外籍看護不用因想吃自己喜歡的水果到處跑，增加防疫風險，又滿足員工需要。

例如與十位早發失智者一起的照服員，瞭解現在不能去超市購物、游泳。可是拿起購物袋模擬在廚房取物的活動、擴大在蔬菜花園的活動、增加對鄰舍小孩的寫生繪畫。又用平板電腦秀出戴手套、被限制社交距離的人互相打招呼，還有說不可親吻的衛教影片，幽默符合民情文化。

關於社群媒體科技通訊，可以做，但並不需要一次很長時間，而是可以提高頻率。透過網路提供照片，不如提供為他選的歌曲，然後加一點祝福語或分享一點生活經驗。除聽覺，還有味覺，可以提供一些長者喜歡的口味，增加「當下的」愉快時光。還有鮮花或者平時親友來會同時帶來的茶等口味的飲品。除感官，還有送禮物和寫下短語，甚至想到與他們同住的人也可以成為互動資源。

像筆者去探訪過一間位在新店的全失智機構有相似例子。兩位女性長者，一位歷史老師、一位軍人退休。歷史老師重複講「鴉片戰爭以來割地的條約有……」，退休軍人每天重複講「中國人打不過人家，沒辦法」。讓他們兩位除吃飯以外，在一起可以從早對話到晚。他們是該機構口腔吞嚥能力最好的，受到疫情影響有限。這例子合併以上各種學理，是不是讓我們想到很多可能？

網站也如機會教育提醒民眾，不要認為失智看不懂就心也失能，失智者只是一直尋找他們熟悉的。雖然的確隨病情變重而能力受限，我們仍可開發很多方式支持他們的生活品質。例如每天多給一些微笑、握手、幫他開窗子，或溫柔的多喊幾次他的名字！

疫情剝奪多少長者的生活品質？以上探討很可能提醒了我們，我們平時恐怕給他們的就還有很多可能。從各國經驗可見，這不是增加很多照顧者負擔，而是學習更精準有據的照顧他們。當然，一個出

▼ 丹麥牧師 Thyge Enevoldsen 於疫情期間不希望機構住民因限制隔離而孤單導致其他問題。號召志工巡迴各機構在外唱歌給住民聽，安慰鼓舞很多人。

發點仍起於：我們願不願意視他們為鄰舍？以及我們怎樣看待失能、失智者的價值！基督徒更可記得，沒有任何事可以叫我們與上帝的愛隔絕，則我們也要讓沒有任何疫情可以隔絕我們對失能、失智長者的關懷！

## 2.10 攝影記者投入長照——挪威失智電視節目

在挪威首都奧斯陸郊外城市 Asker 地方電視臺工作達三十年的製作人 Lars Bull 曾擔任攝影記者採訪每日新聞，有鑑於挪威老人照顧需求增加，而且失智者越來越多，他轉而用自己的才能投入長照領域，到國家老年研究中心（Aldring og helse）工作。這是挪威非常重要的長照研發訓練機構，在其識別符號中還標示副標題是國家競爭力（Nasjonal kompetansetjeneste）。從人口老化看，的確能照顧好老人就是保持國力的一環，這裡集合多領域專家帶領基層從業人員增進照顧職能。因為教學和具象傳達知識需要，請Lars等一起負責拍攝教學片和社群媒體新聞片。在這五百萬人的國家，其社群媒體有多達二十七萬專業照顧人員加入會員，可見影響力。

後來Lars結識失智照顧專家，曾在挪威很有名的基督教醫院（Diakonhjemmets）與史塔萬格（Stavanger）大學教學醫院工作的Allan Øvereng合作，拍攝編寫了給失智觀眾看的系列電視節

▼ 看到失智者特性與生活需要，許多國家研發更人性、彈性方式創造生活樂趣，以更自然方式啟動老人活力。這是荷蘭發明的多樣內容的互動投影設備 Tovertafel。

▲ 挪威記者 Lars 解說他與心理師如何設計引發失智者興趣與談話的各種電視影片。照片是其中專以少數民族薩米人文化為題的節目。老人看了還樂得想起古老詩歌來吟詩。

目。這些節目不是固定在電視頻道播給一般人看，而是供應有失智族群的地方，給失智者看，或者讓照顧者根據失智者特性選片一起看。

Lars 在辦公室詳細向筆者解說發展過程，從二〇一六年開始製作到二〇一九年仍在繼續。因為實驗研究顯示能夠幫助失智者得到快樂，啟動他們頭腦情感帶動表達，這正是照顧者所期待的。已經完成的影片系列包括挪威南北四季變化、農家生活、家庭手工、花園果園、海邊生活、山景等多樣題材。歸納為季節、自然、文化資產等。

每系列各有數支影片，片長十多分鐘不等。片子拍攝有別於一般電視新聞或節目，每個鏡頭約十五秒到二十秒，也不加旁白。這與北歐近年發展的「慢電視」（Slow TV）有些像，慢電視的特性是放慢節奏，讓觀眾透過鏡頭展現某種經驗，常常多半是只有現場環境聲音，營造有別都市喧囂快速的祥和、放鬆、自由。

例如拍攝火爐中柴火燃燒不時爆裂的聲音得到療癒，或者跟著一列火車遠遊二十天，沿路場景逐步呈現，沒有為了爭取收視吸引而使用急驚風、「高潮式」配音給觀眾壓力。甚至可以是無旁白，播出某人去超市買一大袋食物回來，一樣一樣倒出來，也可以是兩人渡海在海上的生活細節過程。

兩位作者在操作手冊提到設計學理根據。他們認為失智者許多頭腦有部分缺損，學習記憶新事物有困難，但可能還有完好的視覺、聽覺。而且因為認知缺損的代償作用，情感部分相對更發達，用來感知外界。善用這部分很重要，也曾有長照界喻為「優勢理論」。幽默和快樂都屬腦部情感面，可用於畫面選材。

失智者每日接觸的環境（情境）影響他們有無愉悅還是不安，這也將影響鄰近住民。提供愉快、幽默、美好的影片，可以成為失智者對話、社交的「線索」，啟動早期記憶，甚至從語言表達再連動嗅覺、味覺、觸覺經驗。對失智者和照顧者多贏。

但以目前時下電視播出的節目來看，許多節目剪接節奏快、內容新、旁白快，而且用字有些失智者不熟悉。這不能給失智者帶來愉快的經驗，增進他們頭腦延緩失能。而且如快速旁白等這些元素若在影像出現時伴同而來，太複雜多樣的話，失智者無法掌握，很辛苦。這都可能造成失智者跟不上，

▼ Lars 從發想到逐步開發，已經有多套不同內容主題的失智者專屬電視節目，行銷到許多安養機構，替代一般電視節目或不適合的電影。

要不焦躁挫折，或者睡著了。

所以單純一些，只有現場畫面與自然界聲音，可幫助失智者更容易進入情境，啟動早年經驗，進而創造平安喜樂的當下愉快經驗。作者稱為「黃金時刻」（Golden Moment）。對近期記憶不佳，身心退化的失智者來說，哪怕是因此多一個小時的愉快都很寶貴。

作者認為，照顧失智者是要理解個別差異，然而先前經過訪查，許多失智者對都市生活，如逛百貨公司這類場景經驗的興趣不高，可是對自然的興趣很高。所以即使個別差異，卻有共同興趣。端看使用影片者怎樣根據對象、背景、人數、當下情境來運用。可以是一對一，也可以一對多。看影片搭配什麼視覺、嗅覺環境，例如早餐時間或邀請幾位一起去活動室看電影等。

這讓筆者想到以前在荷蘭大學學習失智個管師時，曾與當地個管師開會討論一位荷蘭失智長者照顧計畫擬定。筆者當時問帶長輩去庫肯霍夫鬱金香花園如何？是否長輩不熟悉而生氣？雖然花美麗，個管師認為不見得，因為花就是花，不是只從花園不是他的家來判定去了會如何，還是可以嘗試。只是要注意他從家出門的反應，盡量降低其不安，讓他知道有人陪而且願意聽他任何一個當下產生的困惑與壓力。

由於現在的老人在年輕時並無手機，考量搭配早期記憶，建議播放盡量營造長輩有安全感的環境，例如像早期電影的播放方式或影院，或者電視機。如果是電影院方式，可以在燈光暗之前提供咖啡點心，以多樣感知元素進行，以達交互影響之效。

比起拿更複雜的視覺工具或物件一再詢問老人，想要刺激失智者活動，這是另一種選擇。有時因為一直詢問記不記得，常是最容易讓失智者挫折惹惱他們的一種溝通方式，但很多人沒覺察到還繼續，直到出事。照顧者用影片，一開始可以費較少的力氣，先讓觀看者享受影片。操作手冊還為每支影片設計關鍵字群，以便放給照顧者參考用以和失智者談話，提示鼓勵他們表達。

當然，並非所有影片都能帶來正面經驗。這要看播放現場。有的影片可能勾起個人不愉快回憶，也有的可能超過文化經驗，還有的可能對北部的人有感覺（如極光），但不是南部人的早期重要記憶。所以作者也設計了評估表單，以便使用影片者可以當場記錄觀察，來評估到底失智者感覺如何。例如有被激怒嗎？還是被喚醒記憶主動討論？或很被動等等。

過去幾年，作者曾對六十九位老人進行系統實驗，發現大多數老人看了影片的反應很好，有助開啟話匣，有助照顧者進一步從事照顧，讓失智者配合而成功的機會。而且多數人樂意去看影片，只有很少數需要多鼓勵說服。六十九位中只有五位看完反應較低落，他們睡著了。但這至少並無激怒等負向結果。

有些老人看了說出聞到、感覺到某些味道，因為視覺創造老人早期記憶連結，還有的甚至完整背誦出以前讀過的詩。這個結果發生在北部少數民族薩米人，對作者研發這種影片大為鼓舞。(註：芬蘭超市賣的洗髮精除了一般花香，還有森林燃燒木材的味道，因為這對某些人聞到會引發療癒感)。

Lars 對每位使用影片的人都會特別強調，這些影片完全不是娛樂出發點，更不是殺時間，而是作為啟動長者表達互動的媒介（Film Aktivitet）。Lars 的意見如果再搭配臺灣近年推動的吞嚥照顧就更重要，因為年老肌肉和神經運用退化，一般人容易看到外顯的大腿、手臂運動能力維持很重要。事實上還有很多維持每日生活功能的體內肌群運用也要延緩失能。如果失智者缺乏刺激，少說話，不但認知更衰退，也將連帶使口腔喉部肌肉少用，導致吞嚥困難更早發生。這對表達困難的失智者更是困擾。

到二〇一九年，挪威已經有二十多家護理之家和照顧中心使用這種影片，規則是購買版權，得到小硬碟，可用電腦、電視投影等方式播出。一家護理之家以六千三百挪威幣使用一年。以挪威物價約臺灣五到六倍來算，實在不是巨額，但帶來很多效益。Lars算過全國有一千家失智安養機構，若能推廣到一百家就很滿意。

比較起他國，如荷蘭也熱衷用影片圖像軟體來支持失智者的生活品質，如世界知名的Tovertafel，[6]都可見數位資源帶來照顧品質的潛力。挪威則有記者遠赴各地拍攝影片，提供失智者更廣大的體驗機會。儘管YouTube已經有無數影片，老歌、老電影太多，還有民眾出國的風景分享，是否可以借用達到效果？Lars認為，老影片當然是可用資源，但是和專門拍攝的多類別慢節奏規格影片還是有別。倒是建議有興趣的家庭，可以嘗試用類似方式把失智者早期居住環境或兒孫活動拍成影片。Lars正在規劃的下一部影片是揉製麵包。他還要尋找比較古早味的麵包廚房或客廳，因為這構成整體視覺元素。

挪威照顧服務向來很重視先擬出核心價值，然後為依據，組織成員進一步從不同職務和才幹找尋創新實踐，來回應被照顧者需要，帶給他們福祉。以前人們壽命短，沒有很多失智者，現在越來越多。挪威老年健康中心近年積極推動從失智者眼光看世界的照顧方法。希望深度同理失智者，降低照顧衝突，提升失智狀態下生活品質。

十年前，挪威已經有身心障電視臺（Empo TV），由身心障者擔任記者幫助大眾同理並降低成見，以發展合宜互動。如今又本於國家失智照顧綱領（每五年修訂一次），加上衛政單位支持，而有 Lars 與 Allan Øvereng 的創舉。鄰近的長照先進國家丹麥曾有單支的影片；奧地利已成熟的在博物館大量使用古畫進行相似目的的活動。但計畫性製作使用，並且突破時空廣為應用，目前為止還沒聽說其他單位已經做到如此。

---

6 請參閱：https://www.youtube.com/watch?v=77QStv3OF68。

這是運用現代傳播科技於長照很好的例子，有學理根據，也有具體成效。同時，Lars也對從事電視工作三十年能將經驗轉用於失智照顧，這是以前未曾想像到，也深感榮幸！

記憶和認知能力，創造和維持每個人的獨特，以及社會認同。也就是如果能保持、喚起記憶，人就覺得自己有明確的存在感和尊嚴。這樣看，如果多樣影片能喚起記憶，不只是互動樂趣，更深層的意義就是讓人繼續看到自己的獨特與價值。這是還有口氣在時，多麼重要的事！

每個社會都有自己的文化，臺灣失智者也是一直攀升。許多悲劇發生，失智者被剝奪自由，還有許多機構無內容選擇的、無警覺意識的，天天把失智者一整群推向跑馬字幕極其複雜、內容暴力或快速爭吵評論節目多的電視機前，造成無謂衝突壓力，也增加照顧者困擾更覺人手不足，或無適當刺激而更快退化之際。或許記得他們還有的記憶和能力，結合Lars的發展經驗，讓特別設計的影片成為失智者活力引擎，我們的失智者也能有不一樣的未來。

# 2.11 維護被照顧者尊嚴

多年前筆者在芬蘭公共電視學習健康促進節目，系列節目第一集有幾段訪問，分別問退伍軍人老先生和四歲小朋友，什麼是健康？老先生說只要早年受傷的腿不要再痛就是健康；小朋友說只要牙齒不痛就是健康。這種訪談一方面鼓勵大家思考何謂健康？但也透露訊息，即同一概念在不同的人有不同的看法，甚至有不同的優先順序，也就是仍然在意的重點不同。現在談高齡社會或長照，大家喜歡談尊嚴，很在意尊嚴，但什麼是尊嚴？借用芬蘭節目製作觀念，或許也可以探討人人在意的尊嚴優先順序有何不同？或許，這樣思考，可以幫助我們照顧人的時候，更能給人幸福感。

舉例來說，可能大家看過、聽過，三歲小孩在別人幫助他的時候，有的會急著說「我自己來」，因口齒未清講成「繼給來」。大家覺得可愛。其實，這是小孩想到自主，雖未說他要尊嚴，但這是尊嚴。能自主，能有掌控的安全感，能按著自己的步調，能選擇，這不就是很基本的尊嚴嗎？當人變老，不也一樣在意從這些感受到尊嚴？能否按自己習慣的時間作息？能否在想吃飯的時候吃飯？而不是一早六點被叫起來，或者傍晚四點就全去吃晚飯。能否選擇自己適應的冷氣溫度？這大致上是人人共通的基本尊嚴，也與個人生活自主有關。

可是有一些個人特別在意的尊嚴，不止與個別身體自主有關，還牽涉與人互動。例如筆者遇過中國大陸有一安養機構，住著一位老太太，婆媳關係不佳，被送到安養機構。老太太的兒子是機構附近一家醫院的司機，每天早上七點多，會開交通車經過安養機構門口。老太太住在機構每天神情落寞，唯一的期待就是一早趕快到機構門口，能看到兒子開車經過。看到兒子，雖不是兒子專門來看她，但總是看到兒子。這就是老太太繼續活下去的意義，這是她的尊嚴所在。能支持她每天看到兒子，比預備其他健康促進活動都吸引她。能看到兒子開車經過，比其他好吃的都重要。所以，照顧者明白她的期待是不是很重要？

另一個牽涉與人的互動而感受到的尊嚴來自稱呼，並不是所有的長者都希望同一

▲ 好的失智據點不是只供應套裝活動，而是理解支持長者想做的。圖是埔里基督教醫院楓林社區失智據點長輩畫的畫。這不是臨摹。保有這樣的能力，若一直只能經驗一般性活動甚至厭煩而有焦躁，不是很可惜？畫畫，一樣是認知刺激，畫想畫的，是無壓力、無挫折活動，對失智者無緊張，很值得發展。

種稱呼。有人被送到機構，這裡沒有人認得他以前的身分處境，但可能他有很在意的稱呼方式，在這裡完全被忽略。對他來說等於多活一天多被用新的方式稱呼一次，就多一次損傷。有這麼嚴重嗎？是的，對行動受限，只剩下機構吃喝和與照顧者互動為世界的長者，稱呼是很近又很大的事。

這決定了他繼續是誰！若被照顧者消遣而戲稱，例如臥床不能言語的將軍被稱「還什麼將咧，豆瓣醬」。另有位兩顆星退役的前輩失能也無法言語而長期安養，受他照顧過的軍中晚輩來探視。照顧者想表示自己很稱職，把被單掀開給訪客看。這時，這長輩下半身什麼也沒穿。晚輩看了非常難過，還不敢表示意見。

還有些尊嚴受損，是身邊照顧的人加諸的，例如對長者的言語和肢體行為。有的照顧者喜歡摸長輩的頭表示關心甚至玩樂。有位受過日本高等

▼ 據點其實可視為各種室內外活動的發動單位。長者若因來據點而有選擇的自由，一起去自己去不了的地方，可以繼續屬於社會，擴展生活經驗刺激。北歐人說沒有不適合外出的天氣，只有不適合的服裝！

教育的女性長者住在機構就非常不喜歡照顧者這樣，可是卻無從反抗。更甚者，照顧者幫她梳頭、洗澡，還要碎碎唸老太太的臀部很大，這更讓老太太火大。另有家屬在要負法律責任的公開場合向安養機構主管陳述有護理師幫中風而反應較慢的老人練習吞嚥進食，引導老人，喊幾次吞的指令，老人沒跟上就從臉頰拍下去。這種病況的長者即使想要表示不滿，都不再像年輕身體好時那麼容易。

機構老人被帶去參加集體健康促進活動。老人排排坐，前方有年輕人帶領體操，隨手上舉放下喊吸氣吐氣。一位住民半醒半睡被帶來，打瞌睡而且並沒有很想動，背後的照顧者配合前方帶活動的，就看著歪低著頭閉著眼坐著的老人，被照顧者的雙手扶著雙臂抬上抬下如木偶。老人有在隨著帶領者吸氣吐氣練習肌肉運動正確的循環來避免傷害嗎？當然與預期差得很遠。不過拍照看來還是符合政府延緩失能成果。

有時在不同官方舉辦的照顧檢討會議場合，以上例子如有人提出，往往有官員或護理學者回應說，「那是個案，那是個案」。近日甚至有主管說，都怪政府把長照行銷的太好了，說什麼長照之島如何如何，以至於民眾對資源有限、素質有限的長照有很高的期望，因而產生期待落差。是也？非也？真要等他們都一一去住機構，理解了，才能大幅改善？

在政府一直持續大量挹注物質資源到長照，又編經費亦擴增機構時，同時強化基層照顧者素質也是必要。這不是新進人員講習在投影片一句「要有同理心」就可以種下理解尊嚴的種子。更深刻的養成，幫助照顧者內化，警覺、分辨自己每日與長輩互動的心思、言語、行為，何謂職業與專業的差別，比起直接快速表面化複製技術恐怕更為優先。希望早一點不再常聽到「我們要維持健康，免得去機構讓人糟蹋」。

▼ 各地開設失智據點，希望維持長者生活品質。如何從長者處境考量活動，避免變成照顧者跟著老師做操，長者枯坐或想衝出去，還要集思廣益。

## 2.12 採訪長照的激勵省思

當筆者在寫這篇文章的時候，正聞長照前輩與筆者討論照顧問題。情況是幾位照服員在一個安養機構，遇見洗澡會抗拒的老人，於是打算讓老人多服用原來醫師開的藥物，希望這樣，照服員幫老人洗澡時比較安全的完成工作。

不知道讀者讀到這種故事有什麼感受？筆者覺得很遺憾，也更有出國採訪的期待。不論是如過去，常自己花錢，還是爭取公出。難道什麼事一定要到國外才能找答案？當然不是，但如果已經有人累積很多經驗，並且在照顧養成過程與實務互動方式，都有寶貴的知識與智慧，能夠幫助我們減少不幸，不管對老人、身心障，或者對照顧者都好。

這個為了照顧方便而不經醫師就自己決定考量給老人多餵藥的事，牽涉到照顧者應對能力、機構營運體系甚至政策等多種因素。其實，只因為洗澡方便就多餵鎮靜劑，對被照顧者的身心影響可不只洗澡當下，而是二十四小時，甚至更久的影響。可能造成昏沉，可能更容易跌到，也可能造成消化反應遲緩等多種後果。基層照顧者對藥物理解若不足，可能造成交互影響也不在控制範圍。

筆者先前採訪長期照顧已經二十八年，上述這樣的事在十幾年前被筆者拍到，播出引起迴響，不料如今還在重複，而且是在首善之區的臺北，聲望很高、評鑑很優的機構。固然不能用這一個案例來代表整個臺灣在面對洗澡等產生的互動衝突都是這樣處理的，但熟知長照圈內現況的人不難理解，這不是唯一案例。

當照顧者訓練只有一百小時，一天工作十二小時，即使一心想賺錢，誰能持續這樣久面臨高壓力，應對這麼多失能、失智、心情不佳、充滿挫折的長者？臺灣很尊重專業前輩，訂下如今的訓練方式和訓練內容，再加上不夠成熟人性的營運，與交錯於不同領域難以合作的政策制訂，以致一個洗澡怕被打的挑戰，就優先選擇了試圖多餵藥來解決。或者還有其他招數，是束縛和拿水管遠遠快快的噴。將心比心，您是老人，日子如何過？但也要將心比心，如果您是照服員，要怎麼確保安全和例行工作？更積極的說，怎樣讓彼此於工作和被照顧都能有更多幸福感？

這事牽涉照顧工作意涵的界定，對應意涵的能力養成，照顧主管如何營造正向氛圍，讓基層照顧者人人覺得是有價值、平等的人，並且逐步引進，甚至創造更多好的互動方式，以信任和信心來改善問題。這當然需要時間，但共識、承諾、尊重會加速改善推進，並隨不同新的社會處遇和被照顧者個別特性，善用、慎用科技，達到最好的照顧結果。

▼ 芬蘭護理機構改善照顧方式後，老人得到更多個別化樂趣。這是實習生在幫老人捲頭髮。

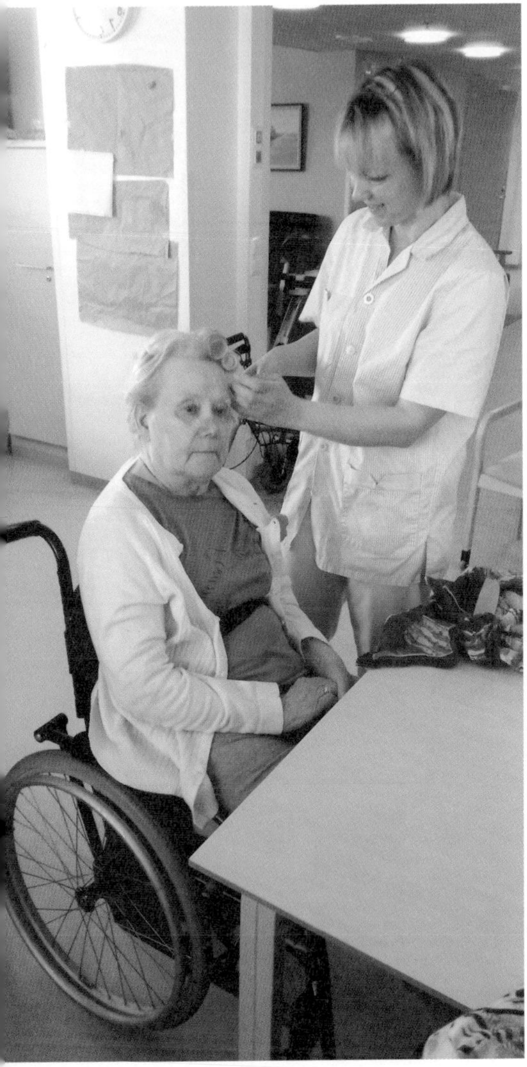

北歐各國迄今是全世界政經最穩定的地區之一，其穩定，來自基督教文化多年養成的價值思維和當地社會歷史。回到前述洗澡怕被打的問題，和我們屢屢發生不可思議的應對方式，至少有以下一些對比，來自具體的文獻和親自見聞，幫助我們正面看到，如何可能不走老路：

### 1 在挪威，要訓練照顧者

第一個不是「我國長照政策」如何，也不是翻身擺位與餵食等技術，而是溝通。服侍善工大學一再告訴學生，人是上帝按著祂的形象所造，其尊嚴

▼ 改變照顧方式後，照顧者不再單獨躲到角落吃飯，而是陪老人一起吃飯，結果老人食量增加。

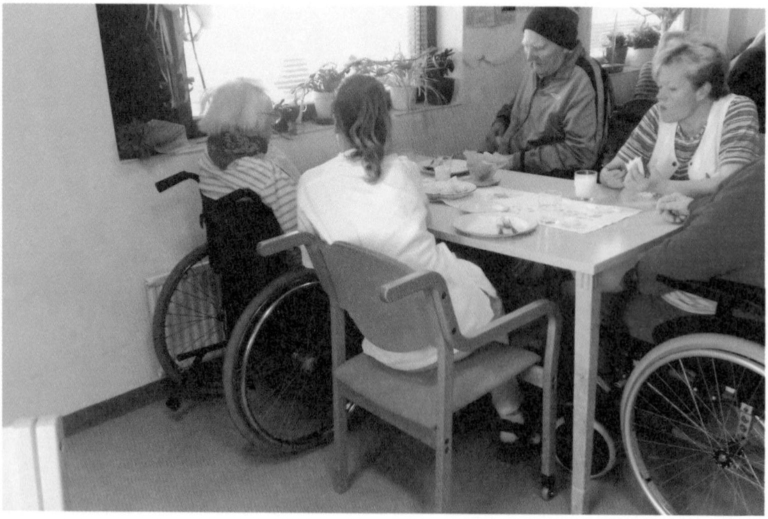

因此存在，不受任何身分地位與身心處境影響。國家老年研究中心為了研究對失智者什麼叫做「以客戶為中心」，花了五年，集合近千位照顧者的第一線經驗與意見，寫成後輩使用的手冊，而不是寫了結案。目前，全國有九成六縣市使用。為了鼓勵人投入照顧工作，有的照顧機構把實習學生工作與休息空間，特別設計佈置，讓他們感覺什麼叫尊重，以此歡喜投入工作，以及應如何對待客戶。

**2** 在丹麥，照顧者學校牆壁貼了大大的海報，教人認識溝通衝突位階，意識如何是升高衝突，如何能降低衝突。四十五年前的照顧倫理教科書就寫了「當我與你在一起，我無形中就佔有你生命的一部分，因為接下來你的感覺好壞，我有一份責任」。又引用回顧法，以影片教學多次檢討如何面對洗澡衝突，重複實驗找更適合的解決方式。對於失智照顧，教科書開宗明義並非失智有幾種，而是「我們要理解，失智者和我們一樣有自我實現的期待，照顧失智就是支持失智者自我實現」。

**3** 在荷蘭，不同領域與生命經驗的學生，在大學二年級就全面實施做中學的設計基礎教育，養成服務與創意素養。從「增能」等各種基本觀念一步步推演反思，共同創造釐清和歸納意涵，以結論帶回實務場域驗證，再帶回學校討論室，如此反覆一年，養成價值管理、與人合作，和面對新問題的觀察因應能力。又早早告訴學生，客戶的行為必有原因，不要習以為常。失智、失能的照顧衝突，六成來自環境設計與照顧溝通。長照企管顧問公司並從家屬和照顧機構，收集這些問題推演改善方式，全部數位化成為家庭照顧者和專業照顧者可以一步步學習的教案，不受時空限制，增加解讀、掌握行為現象和柔性溝通的素養。

▼ 荷蘭部分大學全面啟用設計思考教育同學，以價值導向和以人為中心理念，開發友善服務。

4 在芬蘭，發現照顧者每到早上咖啡休息時間前，容易焦躁而加快動作進行對老人的例行照顧，又常常抱怨照護比不足讓他們忙不過來。後來發展沙漏調配理論，促成更多員工相互幫忙，走出負面思維，以新眼光看待每日例行工作，從老人最在意的幸福感來源出發，重新設計照顧，讓每位老人每天在洗澡前就已經經驗到自己最在意的五感刺激，覺得活下去有意義，覺得充滿期待。甚至員工一起就重度失能者的處境來同理，怎樣將當事人最在意的體驗，用還能感知的方式提供。這些想法顯著改變品質。一個機構照服員甚至在該城市所有不同行業勞工投票，被選為最嚮往的工作，大大改變人們對這種工作的印象。

5 在比利時，建立老人照顧倫理尊嚴實驗室，讓照顧者基於自願，選擇困難客戶自行扮演，來到模擬機構，二十四小時接受實習生照顧所有生活起居。輔以「臨場理論」，幫助照顧者省思自己的工作方式。光是當日晚上洗澡，整個過程就問不下二十次被洗者的意見，讓人有安全感、自主性。又發展「二十三加一」理論，精確計算被照顧者倚賴親身照顧時間，發現一天總加需要半小時到一小時不等，即使重度失智、失能，也只有一小時半，其他時間要如何支持客戶幸福感？這些觀念與實務，讓許多照顧者扭轉思維，從許多微小地方和被照顧者重新建立關係，降低衝突來源，增加雙方互動品質。甚至護理人員夜間脫下制服，穿起睡衣來幫助失智老人降低生活混亂。

以上一些學習方式，負載了許多觀念、工具、方法、內省與創造力，而且最少是兩年半的養成，和我們的一百小時不同。這些創意來自開放的心，良好的互動，並且有健康的態度，把各種新的可能當成動腦的刺激，而不是很快的陷入比輸贏的意識來批評或拋棄，甚至只有自卑。並且有良好的教學法，同理不同學習者的學習障礙，幫助支持他們更新轉化。

一再看到這些從內在、外在影響照顧的故事在面前真實發生，很容易燃起分享熱情，因為看到被愛很自然想要讓更多人得到這種照顧。如果是您，不也是如此嗎？對於照顧者幫老人洗澡，怕老人打就考慮餵藥，是不是多點想法呢？

## 2.13 跨界他山之石——芬蘭公視服務設計手冊

在新媒體時代，各國傳統媒體都面臨前所未有的競爭，分散掉觀眾收視群體，於是怎樣吸引觀眾很重要。然而吸引的意義是什麼？在商業電視是為收視率，在公共電視是為了更適切的回應社會關於各種資訊服務需求，而且有效顧及不同群體社會參與需要。但很多民眾都在看手機，而不再靠節目表等播出時間坐在電視機前。可能用手機看直播，也可能稍後再看，也可能根本因頻道多看不完或找不到想看的，也可能本來自己不知道或知道而不想看。但是聽別人說，又找來看看。

這種種需求還只是當下媒體面臨收視行為的一部分。還有人希望更多討論，這就牽涉到傳統媒體與社群媒體。還有很多假新聞困擾民眾，怎樣幫助民眾不要擔心？是否需要外展服務？以上種種都考驗媒體如何跟上社會腳步，發展更適切服務。

可是許多媒體在職人員不論來自新聞傳播或其他科系，當年並未學習這些局面要如何因應，必須學習新職能。大家感覺到以往思維方式跟不上社會變化。為呼應這種需求，向來以教育和創新聞名的芬蘭，其公共電視計畫性收集過濾坊間各種服務設計方法，集合成為工具，名為 YLE Lean Culture Toolkit。[7]

發展者希望透過這些思考溝通和群體合作的工具，[8] 創造一種新的媒體內部工作文化。這是追求媒體工作人員集體升級，而不是再倚靠少數所謂英明者。更不是只倚靠如高畫質等數位科技，就奢想更優質內容。新工具幫助團隊合作、內容創新，甚至領導方式，透過不斷主動實驗加速找出更先進的營運方式。

這本手冊內容包括如何分享願景、如何化解從願景到發展的障礙，怎樣在計畫發展的每個重要關鍵提前省思不同層面，以便後續步驟能減少意外。此外，還有怎樣溝通討論、怎樣發現彼此的價值觀差別、怎樣用更具象化方式呈現這些因差異的潛力，因而找出新解決方法，從不確定慢慢釐清，進而達成共識，再來如何落實為行動，產生具體的產品與服務。這當中還要學習觀察不同的人怎樣想問題、怎樣溝通。由於學習了方法，能夠盡快辨識出當下開會是什麼局面，怎樣走向更建設性局面。

由於廣泛參與而且過程參與，又能在行動前透明的、公開的確認共識，所以後續工作較能避免資源浪費或同一部門有些人不清楚新指令的含意，而有不安全感、不確定性產生的逃避、或衝突、或消極。

筆者嘗試用這手冊與幾位同事朋友一起推演新節目，也有收穫。例如銀髮節目，照這本手冊的提醒，想到到底是給老人還是給照顧者看要弄清楚。其次，除了收視率，還有哪些足以確認節目成功或不成功的方法。例如如果選擇製作照顧者因應照顧困難的方法，則可能廣泛收視率不僅不是唯一鑑別管道，更要考慮是否拿節目給直接對應此內容的一群照顧者看，然後再分析看之前和看之後的後續照顧工作，到底他們有沒有得到方法而改善問題等等。

7 原始理念請參見：https://yle.fi/aihe/artikkeli/2018/08/07/mirette-kangas-turn-your-company-into-the-benchmark-of-the-new-company-culture。

8 請參見：https://drive.google.com/file/d/1qPxjyG1CpCp_Lz0EQn2lP12oloCtiXKq/view。

也許讀者認為，這個例子不足以完全看到手冊的優點。但從以上推演經驗至少確定的是，手冊給我們很多選擇來應對問題，而且透過科學邏輯的流程，提醒我們該思考的問題。如果每個人都進入這類方法，則開會互動會越來越犀利節省時間。越能節省時間就代表用更短的時間找出更好的方法，當然有助經營效率。

過去幾年，一進芬蘭公視就可看到四處都是便利貼，好像是一個大型實驗室，當中又有無數個小型實驗室。因為不同群體都在腦力激盪，也希望公開這些激盪，讓更多其他部門的人路過可以看到，或許可以提供意見。至少知道別人都在想什麼、討論什麼、關心什麼，或許還可以給些意見。

過去十年來，有八百位 YLE 員工非常積極主動使用各種新服務設計工具，百分之五十以上的組會使用新開會工具。透過主動成長和交互學習，找到更多互動對象，工作品質更好。這是薪水以外，很吸引人的工作氛圍。因為分享文化，使很多人更快一起看到重要問題，更快確認民眾的價值觀，進而一起想辦法突破，而不是許多人看不到主要問題，或者看到但是等別人解決。這裡的更快，並非便宜行事找亮點，而是穩妥的往前走，用比以前短的時間資源，達到目標。

YLE在公司簡介強調自己是全芬蘭最大的文創發動者。這所指出的不僅人數近三千，還有不斷領先的服務設計工具和員工互動文化改造，以及員工養成思維。在芬蘭，統計每日有七成五民眾使用YLE相關服務，每週有九成民眾使用。

這些幫助YLE更能因應時代變化的設計工具，因為很有用，後來製作成簡報檔和影片，在多次研

▼ 芬蘭人口五百萬，公視新聞部文字記者八百人。這是芬蘭代表性的創新機構。內部處處可見這種設計思考動腦會議和牆壁上的動腦貼紙。希望全公視員工經過都知道同事想到什麼，增加合作激盪機會。

討會中使用。[9]

這些歷程可見，層層上報或等候別人的方式已經落伍。群起互動創造公司前景的方式才是最有競爭力。領導階層最重要的工作之一，就在營造新工作文化能發展的環境。主管要常反省自己是推動者還是阻礙者。這種新的媒體內部文化，讓各部門員工跨出只是組織分工部門內工作，真的讓整個公司變成一個跨越部門的大型思考網路。

在YLE，最先有突破性改變的是數位媒體部門。這幫助傳統收視率已經下滑到百分之三十以下的芬蘭，又開始有更多人

▼ 芬蘭公視重視開放平等的創新文化，引進許多市面創新工具，也自己發展創新流程，提升公視公共服務品質。許多動腦方法引領芬蘭企業。

使用 YLE 多樣管道服務。因為更多個別化服務，還有互動服務，讓移動載具因更有效率資訊整理服務，更成為手中利器。因為它把 YLE 的可信放大到更多競爭場域，讓人有安全信賴感的使用資訊。[10]

後來，不只節目內容創新，連員工辦公環境和方式怎樣更健康都有包含，例如電腦電動升降桌下有跑步機，一邊辦公一邊跑步等各種有趣的實驗。不同興趣的人跨部集合找願景、找方法、找答案。

這個教育界的世界超級強國很重視提升學習能力。從以上幾個網址，讀者不難感覺出，新一代媒體工作人員正裝備學習能力，和產生更人性可行的服務。

9 請參見：https://www.slideshare.net/MiretteKangas1/going-where-no-one-has-gone-before。

10 請參見：https://yle.fi/aihe/artikkeli/2016/11/27/gunilla-ohls-yle-adapts-fast-changing-media-usage。

MEMO

# 3
UNIT

# 飲食起居 友善顧念

## 3.1 老人最需要什麼

有位曾得過醫療奉獻獎的他國醫師，回到母國，曾繼續投入老年醫學，參與設計護理之家。如在臺灣四十年一樣，四處幫助別人，還到處演講老年健康幸福之道。例如要重視營養等。

後來，他因年老體衰住進自己參與設計的地方公辦護理之家。每天，那些年齡足當他孫女的護理師們照規定要來詳細衛教。老醫師即使看到年輕護理師的態度不如期待，或相同知識聽得不耐煩，也盡量保持風度，天天如儀點頭。

因為已經需要帶氧氣，腿力不如前，移動去吃飯、回房間、洗澡，都需要護理師幫忙跟在後方彎著腰移動給氧機伴行。如果護理師要忙別的，暫時沒空或者忘記，甚至不覺得立刻插電源重要，則老醫師就會在某處枯坐，擔心越來越喘，生理和情緒都是折磨。和護理師講，一、兩次得不到立刻改善期待，就變成得忍著。等到天天如此，就開始想，這護理師是否以前在病房服務被別的醫師兇過？現在有醫師落入手裡了，嘿嘿……於是，老醫師要開始調適生活。

外人來看老醫師時，他有感而發的說，自己以前曾主張老人要有足夠營養……，如今自己成安養機構住民以後，對到底老人最需要什麼，有了和以前不一樣的感受和看法。他語重心長的說，如今其實營養問題恐怕並不像外界想像嚴重，更不像商業廣告講得那樣需要，得花很多錢才能換得幸福。

▼ 衰弱階段的長者（如長期用呼吸器），若照顧者能更同理設想各種需要與主要期待，仍可能維持最大生活品質。

實際上，現在他覺得真正重要的，只是來幫助他的護理師能有笑臉，願意聽聽他講話。還有，每天要做什麼工作時，能問一問他，給他一點選擇機會。因為這是最起碼的自主和安全感。

無獨有偶，在臺灣北部，一個長照界標竿級的安養機構有一對老夫婦進住。接手的護理師看又進來一些老人，就照往例，反正來的都不懂醫療，等著告知。就哇啦哇啦像機關槍一樣把來此居住注意事項和健康須知交代一遍。只見老先生略為膽怯婉轉的說，「小姐，妳說的我們應該都清楚。我開診所四十多年，身邊的另一半是在我診所的護理師。我只希望，可不可以講給我們聽的時候客氣一點點」。據說，這位護理師從那天以後再也沒有用高姿態的態度對待新來的住民。

讀者看了以上兩個故事有何感想？其實，這兩位醫師的感受也曾出現在其他老人身上。因為體弱後行動範圍縮小，自主性降低，又需要倚賴別人幫助時，每時每刻幸福與否，甚至還值得活下去否，和近身高頻率接觸他的人有很大的關係。

再看遠在花蓮的故事，一位居服員工作十年，在一次教育訓練後內心被啟動，分享時表示，多年來自己到老人家中從未主動和老人說話。原因是同業前輩提醒他，不要主動問候，免得老人會要你做這個那個。所以最保護自己不要被煩又累的方式就是不要和老人說話。

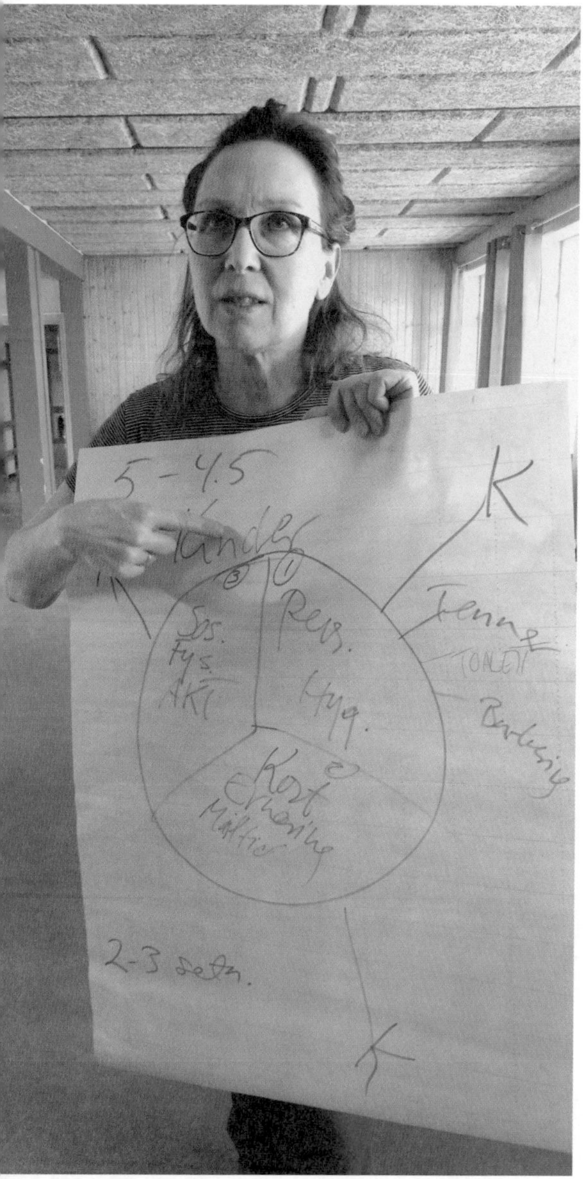


◀挪威長照老師 Helle Reiss 自製模組化表格幫助非學霸的新進照服員能掌握完整的照顧，含全人（基本身體照顧、營養、運動活動與社交）、個別化、如何溝通。

試想，偏遠地區有的獨居者除了郵差，最常能接觸的人可能就是居服員。但是居服員到家裡，卻冷漠以對。這位來到老人的領土，被期待會像人類一樣表現情感行為社會互動的外來「動物」，卻如機器一樣打掃、備餐、洗澡，這是多麼可怕的經驗！因為你不知道這「照顧者」接下來會把你怎樣。

如今，政府民間對老人有興趣的很多。四處有開不完的銀髮產業會議，有很多老人服務創新活動。多數人都不忘記把以老人為主體，或以客戶為中心，放在投影片說明的前幾張，或者相關論文的前幾

▼ 長輩最需要的往往是有意義的互動和聽他們講話。這是臺中達觀部落的林依瑩探視據點，與老人用比力氣來拉近距離，鼓勵老人願意運動。

頁，然後才開始說所謂重點。但到底老人最在意什麼？上面幾個故事可見，若照顧的目的是支持老人得到最需要的，則別忘了，直接讓老人有感，來自表情、肢體語言和言語的友善與安全。這些有了，再談別的。

## 3.2 讓長者參與照顧決策

在拜訪荷蘭長照管理顧問公司（Vilans），這個國家級研發單位資深研究員漢克（Henk）時，他與筆者分享幾項長照趨勢，印象很深的是盡可能鼓勵客戶參與決策，英語稱SDM（Share Decision Making）。這觀念在急性醫療一點都不新鮮，因為急重症牽涉不同處理方式和不同風險，所以醫師們早有這類觀念和溝通訓練。目的在降低醫糾爭議，取得患者配合。

但是漢克提的是長期照顧過程，且在世界醫療資源投注最多的國家之一——荷蘭。評估未來長照需要擴增快速，檢討過去十多年的制度，發現SDM非常需要重視，用來更精準滿足客戶，降低開支。荷蘭過去已經有相關SDM的法律，近期更針對長照的SDM再發展，意義在帶來幸福感與尊嚴。例如，失能評估的表格在評估者完成後，被照顧者有權拿過來看到完整內容，一定有簽名⋯⋯。

稍微想想急性醫療和長期照顧，不難看到長照重視SDM有若干有別

▼ 所有與長者相關的活動要多讓長者參與決策意見，才能確保決策適切和當事人配合。這是奧地利的音樂老師連智慧在中學鼓勵志工長者們一起討論老人怎麼幫助學校的需要。

於或更明顯的不同。相同處都在要有證據資訊為討論基礎，也是讓客戶能對等掌握資訊。雖然有些要看複雜專業，還是要醫療人員協助解讀。另一相同處是一旦達成協議，客戶都有責任配合，才能達到最佳效果。當然，因為參與決策，配合度相對可能高，復健也更積極。

差異是急性醫療可能就某些治療方式選擇，但長期照顧選擇後通常不是治癒，而是總體照顧服務的設計安排。就流程來說，第一關可能不是醫師，而是訪視評估者，通常是公衛護理師或照顧公司的人。在臺灣是各縣市長期照顧管理中心的照顧管理專員與社區整合型服務中心的A個管。這種專業人士要透過病歷、觀察、訪談來確認失能等級，然後據之與客戶討論，並於每一年不等的時間視必要調整。

由於會使用到長照的族群往往多少有身心方面的衰弱，所以實際上SDM不一定很容易，所以近年各國發展許多工具表格和溝通方式，來盡可能確保抓到客戶真正的心意，並帶來正向的溝通氛圍和經驗，幫助客戶做最適當選擇。要瞭解有些老人是用情感、情緒選擇為多，而非理性。

對失能者，SDM包含口語溝通，還有非口語溝通，甚至用到圖示板。對失智者盡可能就其還有的認知溝通能力瞭解，還有輔助觀察表格，合併失智者以往的生活史和家屬及過去主要照顧者訪談，來綜合選項與實施方式。

近年，長照界很強調以客戶為中心或者追求個別化照顧計畫。但想想，如無SDM，可能存在很多想當然，更重視SDM將更有助達到這些理想。當然，相關人員需要一些訓練才能有效執行。而且這不表示一切隨興，而是服務者要本於專業、資訊，支持客戶做追求主觀幸福時找最好的選擇。

漢克說，過去這些年，荷蘭給長照客戶最好的服務，所以發展很多項目，包含醫療性質，也有非醫療的生活性質的。從提供端一味的創造和給，表面看很人性豐富，而且這些服務多多少少也都是來自先前的觀察累積。有些服務一給就是若干次或一定期間的套裝服務。

然而慢慢發現，客戶更重視主觀生活價值，給多，資源耗費多，但真正關乎主觀幸福感與生活品質的是哪些服務？優先的是什麼？有時甚至客戶後來覺得服務太多了，加

▲ 荷蘭長照顧問公司的研究員漢克展示照管專員如何執行共同參與決策的溝通方式。

上照顧科技不斷翻新，民眾取得資訊更容易，許多以往服務改變形式。

儘管以往評估者和照顧者也都將服務讓客戶滿意銘記在心，但實際執行有很多環節和專業人員素質可能產生落差。很多過去制度有調整必要，從評估就強化SDM是一種方法。漢克說，用比喻來形容，就是「以往制度是客戶沒說不要的都給，以後是客戶說要的才給」。

荷蘭如一般西方國家很尊重個體，從出生就這樣教育成長。這種傳統意識進到長照會想到SDM有其脈絡。於長照面對未來更大需求時會想到SDM有其行政實務必要，也有其彰顯尊嚴和滿足所好的精神。其實不僅有些好處，有些時候對服務決定後的第一線執行者也好，降低衝突，增加成就感，更可能落實服務。

當SDM在西方社會是傳統價值，又有在長照制度要更為落實

▼ 認眞溫和的請問老人，往往照顧設計者能得到眞實資訊，知道老人到底在意什麼。例如這是奧地利的花園素描繪畫。有些人能參加這種活動勝過其他多種政府可能給的服務或活動。支持老人來這裡就很滿足。

之際，對於東方文化、父權主義、高壓式基礎教育的民眾，不論評估者、照顧者還是客戶（含老人與身心障）、要SDM還有些關卡。例如長者要權威宰治，有些人習於不明說要等人猜、有很多恐懼不安或不知道怎麼辦、子女過度介入，還有問卷方式不說真話等。我們的確要更努力有耐心，找適合我們的方式。

但就漢克提出的趨勢和強化本意來看，我們也有完全一樣的挑戰。政府一直擴大的給服務資源，更多服務者投入。包含居家服務、護理、物理治療、職能治療、語言治療（吞嚥）、陪伴（看執行方式）等等，民眾仍不滿意或並未真的帶來專業預期。評估後給付越開越多，制度和執行人員素質遠不及急性醫療與健保累積完整，其調整空間幾乎無時不有。

展望未來，期待重視SDM在長照，不僅評估人員內化為能力，制度化執行，更能深化到每一後續環節，是一種專業共識工作文化。不低估輕忽客戶的意願表達能力，尤其衰弱者，友善適度的SDM，讓他們更覺得有限的活動圈和歲月，經驗到更多生活美好，有限資源用到最有效，讓更多人分享到。

## 3.3 友善長照從徵詢開始

比利時知名長照機構主任美諦（Maddy Van den Bergh）來臺帶領改進照顧品質的工作坊。在長達一週臺灣巡迴，她一再分享溝通對機構老人多麼重要。探討如何幫助照顧者離開機械冷漠的應對，取而代之的是帶有徵詢方式的溝通。這看起來是很小的事，但卻是直接影響老人幸福感的事。

舉例來說，一個安養機構由於需要維持穩定的運作，往往起床、洗澡、供餐有一定時間。可是每位老人搬進來之前各有在家作息方式，如果很硬性的要求老人配合，無疑對失能、失智者是很大壓力，甚至可能讓老人適應困難而失去活下去的意志。

與臺灣長照從業人員互動完的最後一天，美諦問臺灣長照主管們，臺灣新進照服員培養，如何學溝通？有多少課程教溝通？在以技術為主的現行課程，臺灣主管有些尷尬，難以回應。美諦說，一步步來！

▼ 服務老人在一些細節瞭解老人在意什麼，影響老人心情很大。這是比利時長照學校老師指導幫老太太穿脫衣服要注意別碰到頭髮，以免影響髮型美觀。因為老太太們很在意髮型。

▼ 比利時照顧機構主任 Maddy Van den Bergh 在廚房瞭解廚師研發軟食和輸送方式。Maddy 的機構以各項生活細節服務設計如何符合住民期待而著稱。

美諦所屬的機構經過幾年外部協助體驗式訓練和服務設計學習，很多員工轉變了。他們決心從此以後放棄制式照顧，改成每一種照顧都採取徵詢對話的方式和老人互動。這樣，老人日日有更多機會感受到參與自己生活的決定，感受到更多生活自主，感受到更多生活自尊。因為老人被別人徵詢，感受到四周來來去去的，不是冷漠的人，而是會和自己說話的人類！

也許包括筆者在內，在臺灣，有些對長照有興趣的人與工作者會疑惑，人手已經不夠了，還一一徵詢，萬一老人給你每個問題都回答得更讓照顧者費心，那不是自找麻煩？怎麼繼續本來忙著要進行的工作流程呢？

美諦的說法是，如果照顧者能徵詢才繼續，若老人說現在不想洗澡，等一下再洗，實際上不見得帶來什麼照顧者困難。而且就長遠來看，能透過這樣互動建立更多互信和良好氣氛，對照顧者和被照顧者都好。照顧者也等於活在尊重人，得到比較正面回應的工作氛圍，而不是時間到二話不說拖老人去洗澡，這樣雙方更容易衝突，更沒安全感。

當然，徵詢方式也有一定的預備。每日例行生活可以用溫柔詢問給予選擇和彈性，調度人力和想更多方式支持老人。當老人說不，也是更理解老人想法與身心狀態的機會，或者他們有什麼期望。

另一方面，美諦提醒，例行生活作息選擇以外，還可多問老人有什麼想實現的和期待的。可是不要過度開放天馬行空的問，而是在可行範圍給予選擇。因為過度開放的問，可能對一些機構無法做到，這反而可能創造新的失落感。問例行生活以外的期待之前，照顧者必須先做功課，瞭解每位老人入住前的生活歷史，這樣更容易聚焦主題，營造有趣的溝通。

▼ Maddy 訪臺，在衛福部南區老人之家瞭解長輩能得到哪些增加生活意義與價值的服務。Maddy 認為越失能的越需要分配人手支持生活品質，而不是減少照顧人力。

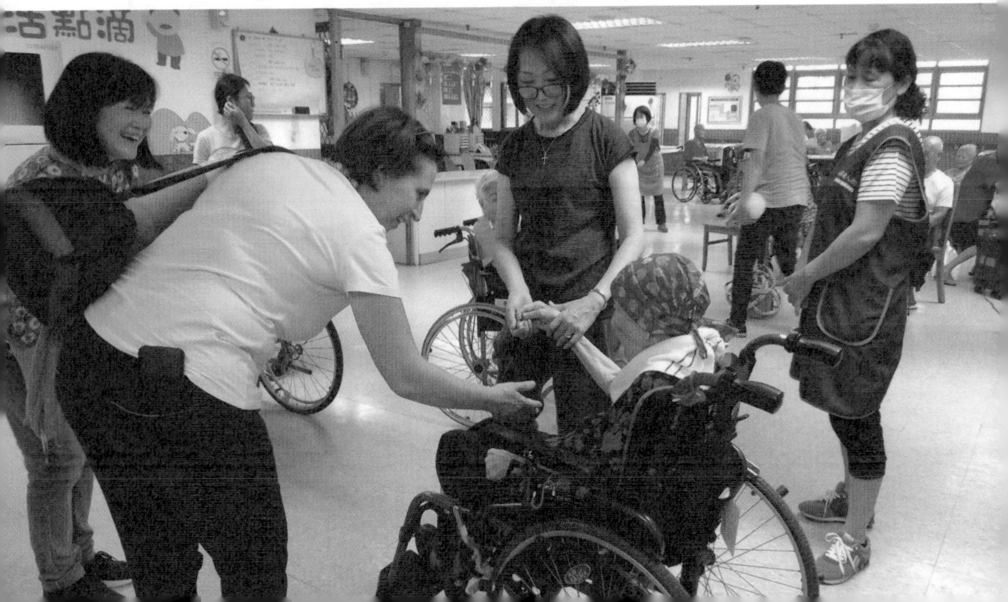

為了這種生活期待的詢問，美諦引用新的長照服務設計訓練，從一棟公寓透視圖為隱喻，帶領大家分別從入門大廳（名字、職業、個性、宗教）、車庫（喜歡外出否、誰負責採買、出門方式）、客廳（重要社交對象、舒服的定義、喜歡的活動、喜歡看與聽什麼）、廚房（飲食習慣、飲食偏好、日常作息）、浴室（個人照顧、穿衣偏好、其他穿戴物）、臥房（幸福感、晚上休息、得到活力與降低活力的事物）、閣樓（重要生命事件、旅行紀念品、回憶、常搬家否）和院子裡願望樹（夢想、期待、重要建議、故事）等，每個主題各有細部問題，用來啟發照顧者學習如何結構性的、更全人的關注客戶需要，再從各個小處找到增加老人幸福感的提問和對應作為。

追求更有溫度的長照，是近年各國許多照顧者和被照顧者的期待，也可說是願景。但實現要有理念、有方法，並且激勵員工去行動。美諦分享自己機構的經驗，她說，只要有人改善老人生活或做出成就感，就可以當成例子故事傳給其他員工，鼓勵大家，讓大家知道可行。這是比利時長照顯著改善的方法，並沒有因此花很多額外的費用，反倒減少很多照顧主管一廂情願安排但是老人不喜歡的活動與生活設計。這不是雙贏、多贏嗎？

# 3.4 學習專注聽老人說話

筆者有位長輩參加朋友孫輩結婚酒席，緩緩入上座，別人正要開始大快朵頤，他召換隔壁幾桌的晚輩，一位名醫。這晚輩速速來到他跟前，整桌人也都恭敬的聽他要說什麼。這時長輩說肚子最近便祕……，一下子有點尷尬。這事已經五十年前，筆者仍記得當時場景，但如今有不同的領悟。

這麼多年來，筆者只有附和長輩們回憶這他們認為是糗事，可是回想那醫師半跪姿聽長輩訴說的神情，覺得好專注，他不急著插嘴。雖然他是臺灣心臟內科名醫，到底對長輩便祕能回應什麼讓長輩滿意的答案，在那吵雜環境不得而知。至少他的眼神態度讓長輩滿意，覺得跑出家門在這茫茫人潮中，至少有人願意這樣專注聽他說，而且一副打算繼續聽下去，不是隨時要落跑的樣子。這時，這個世界其他事情怎樣對長輩都不重要，上什麼菜也不重要，醫師一直看著他、聽他講就是一切幸福充滿！

許多時候，長輩非常需要有人聽他說。近年筆者讀些老人照顧研究資料，更明白傾聽本身就是一種療癒，傾聽也等於一種同在。專注傾聽，讓說話的人有安全感，感覺到自己是人。因為除了狗貓外，很少有其他動物能像人，給人這樣的靈性交流感。

現在政府推動長期照顧，有長照中心照管專員去訪視，有A個管根據失能等級與客戶和家屬討論服務設計，還有居服員來照顧，之後可能有居服督導來瞭解服務，這都需要和老人溝通。溝通就得先聽，要先學會傾聽。

至於支持健康和亞健康長輩延緩失能的社區關懷據點，主要服務也有訪視，之外還有備餐、電話問安和健康促進。哪一樣不需要學習傾聽老人？可是我們真的傾聽得夠好嗎？可能很多人覺得夠好，但還可以更好！我們從小被教導「有耳無嘴」，但不表示我們學會聽人說話。

舉例，有的照顧工作者和志工，帶著熱情投入服務。本來應該聽老人說話，但頻頻等不及就插嘴，要給老人出意見。更糟的是想很快告訴老人，老人擔心的不是問題，可是老人還在慢慢思量想講下一句，就這樣被打斷，有時老人也一樣不再記得想講的重要訊息，有時則因為被打斷而乾脆不再講下去了。更不好的結果是憂鬱的感覺更沮喪，因為想說出來的被堵回去。

筆者曾有正面的經驗，發現有人發生類似的打斷搶話現象而婉轉提醒。後來老人講得快樂，還邊講邊拍手，說他最近聽到的事。一般問候關懷，我們被提醒多瞭解長輩的背景以便溝通，知道起什麼話題，刺激長輩愉快或者願意說話，免得沉默久了頭腦和口腔退化。其實有些時候老人樂不樂意說話和愛說什麼主題，也未必都一定和個人歷史背景有必然關聯。像筆者遇見老人說家裡附

▼ 長輩最需要的往往不是大團體制式活動，而是一對一陪伴產生樂趣。這是時任屏東長照中心主管的葉家珠陪伴長者。

近教會臺語翻國語翻得不好，大家聽不懂，講得也很高興。願意繼續講，可能和聽的人怎麼聽更有關。

多年來臺灣不時討論羨慕北歐照顧，而且覺得靠錢換得。其實不然，他們在很多人與人接觸的細節非常重視教導。像挪威卑爾根大學護理教授凱莉．馬丁森（Kari Martinsen）二〇〇六年所寫的《照顧與脆弱》（*Care and Vulnerability*）一書，還有專章討論專注和語氣。此處說的，是和病人、身心障等各種被照顧者互動時，要很留意自己的應對方式。提到專注的聽，凱莉說，「專注可以被描述成好像拿了一個過濾器，分別出特定事物和其他事物。集中精神於某個時間和空間，展現一種極度認真的出現和同在，熱切的感知對方顯露出的所有痛與苦和渴求生命希望的跡象。接著可能是根據這些理解而展現同情、採取行動。慢慢和靜默的觀察與聽、聞是此刻最重要的」。

凱莉又說，「專注是主動的、安靜的，帶來平安的關懷。照顧者與被照顧者一起相互感知，而進入彼此分享」。所以即使傾聽，被視為很慎重的互動過程。因為有多樣溝通符碼（Code）在來往，構成人與人的交流。凱莉並強調，傾聽互動和語氣的節奏，

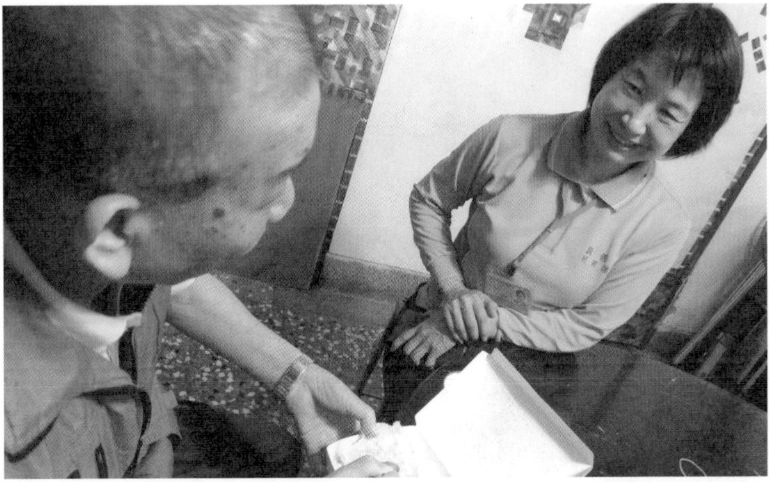

▲ 這位糖尿病獨居長者要配合健康飲食與行動才能改善或維持病情不惡化。願意這樣做往往因為護理師的友善和傾聽。護理師王雪嬌願意傾聽合併觀察，掌握老人心境與生活難處，才可能順利執行目的性溝通。

可以讓雙方覺得平安，是撫慰的，但也可以製造悲傷和害怕。環境噪音可以打亂專注，抓不到對方真正的感受，所以有品質的專注需要適當的空間和距離。

從以上這些描述可見，傾聽和隨後的互動，可以是很細緻的。現在不少老人照顧機構和照顧者習於說因為忙碌沒時間所以無法好好的聽，甚至認為一切都只要靠錢就可以改變。不過仔細想想，許多態度問題不全然與時間和錢有完全對應關係，而在照顧者起始訓練，以及能否意識到自己正在專業工作場合，應有怎樣的態度。即使是很短或者不很長的時間，內心早有以上的反思，若有願意的心，總能給長者一些傾聽的小確幸吧！這可能就是長輩今日整天幸福的啟動時刻。如果所有好臉色都靠錢對應而給，是多可怕的事！長期對照顧者真的健康嗎？也不無疑問。

另一本挪威神學家龍思得（Kjell Nordstokk）的著作《服侍善工》（劉侃譯），提到服侍就是一種隨時準備好（stand by）的態度。將這態度結合以上凱莉所說，或許可以幫助我們有更大空間，去想像和預備我們在傾聽老人說話時所展現出來的訊息。本來人人就有不同思考表達節奏，但要是意識到當下職責是聽老人說話，真是可以好好揣摩一下如何預備，以及對不同長輩如何預備，和好好想想這個不同，到底不同在哪些地方。

想起那位去聽長輩訴說便祕的醫師，還真是好榜樣。如今這位醫師也已經快九十了。他需要洗腎，所以無法遠遊，還要在家陪伴失智的妻子。他也需要人像他以前一樣，去專注如凍結時空般聽他講話。有次他本來已經沒力氣，但談起醫學系，就說，

「那只是像逛博物館一般，把醫學逛一遍而已。畢業才開始真正的學……」。他很愉快，但常常一個月只有一次甚至更久，才有人聽他說。外籍看護不容易對這種話題有興趣，也不一定敢有興趣，也不容易提這種話題。現在願意像他年輕時那樣聽人說的人如果多一點，臺灣快樂老人還會多一點。

## 3.5 與悲傷人同在的素養

筆者到挪威北部小鎮 Lakselv 學習老人照顧時，在公立安養機構遇見一位牧師安．史蓋爾（Arne Skare）。在這個小地方，牧師的工作很繁忙豐富。除了主持教會禮拜，還定期到安養機構帶領聖餐禮拜。牧師說，安養機構照顧者們都知道，遇見老人是什麼樣的情形，已經不是一般照顧可以處理，該是找牧師的時候。例如對晚年焦慮、感覺無伴、害怕死亡等很多處境。

除了這些工作，史蓋爾牧師在小鎮還有重要責任，是地方政府突發事故危機處理小組的成員，這小組包含鎮長和警消、社政、衛政等。所謂事故包含各種國內外災變、地方天災、兇殺案、突然重病等。事故發生時負責與警察拜訪通知家屬、安慰支持、注意社會氛圍，需要怎樣支持陪伴相關民眾，與他們同在。

牧師平時負責教導警察、消防人員、救難人員，包括專門搭直升機用繩索垂降去救人的醫師等。幫助他們學習在事故發生抵達現場時，能知道如何應對，包括家屬，並能保護自己降低累積創傷，因為救災和處理事故者常被視為英雄，有時也自認為要當勇者，然而事實上大家都是軟弱的人。

史蓋爾說，挪威有些神學院有神職人員配合政府人員因應危機的課程。史蓋爾在神學院學習後，每年要為地方這些人員開兩次研討會方式的教育訓練。邀請危機心理專家一起來討論死亡議題。史蓋爾說，醫師會看病、會救人，但不表示很瞭解如何與各種弱者同在。例如有人叫救護車，可能到了現場，等待救援的人已經過世，家屬在一旁，要怎麼和家屬應對？在挪威，不只重視救人，也非常重視在一旁的家屬的感受和健康。

又如，小孩遭逢親屬變故非常害怕。不只失去親人，還可能在心裡疑慮、擔心是不是其他還活著的親人等一下也會消失。若是受過訓練，瞭解小孩會這樣想，可能更知道該講什麼和該有什麼引導保護行動，而不會不知所措。這些幼年經驗可以延續到老，成為對家庭、職場、社會更大層面影響。一個真在乎顧念彼此的社會，看一個事故，要考慮這些。

▼ Arne Skare 到社區公立安養之家給聖餐，他會一一注意老人反應。他說這機構所有照顧者都知道何時應請牧師幫助，這也是照顧素養之一。

通常，可能一般人想像這些應對是心理師等專業的職責。實際上最先遇見變故參與者的就是警消和救難人員，所以他們的應對素養非常重要。史蓋爾牧師說，垂死者非常痛苦可憐，但換個角度看，也是最接近離開世上苦難可以與主同在的人。受過訓練的牧師被視為死亡相關問題的專家，平時更深的思考死亡和瀕死，對公部門專門在第一線接觸事故者有幫助。

許多經驗已經累積並且公開在網站。[11] 雖然是挪威語，但和數十年前相較，現在有網路翻譯，而且越來越進步，外國人仍可透過翻譯瞭解梗概。有些人可能怕翻錯，其實沒那麼糟，不妨參考看看。

看挪威花這樣細密的心思，也許有人會問，是不是挪威災變特別多？這就像以往有人看到北歐這些基督教國家很重視身心障照顧，會問是不是這些國家身心障很多一樣。其實，這種預防性關懷，顯現挪威對人的價值的看重，以及平時如何讓整個社會有最好的準備，萬一有突發事故，能更妥善因應。因為不能妥善因應的社會代價非常高，而且負面效應可能持續許多年。

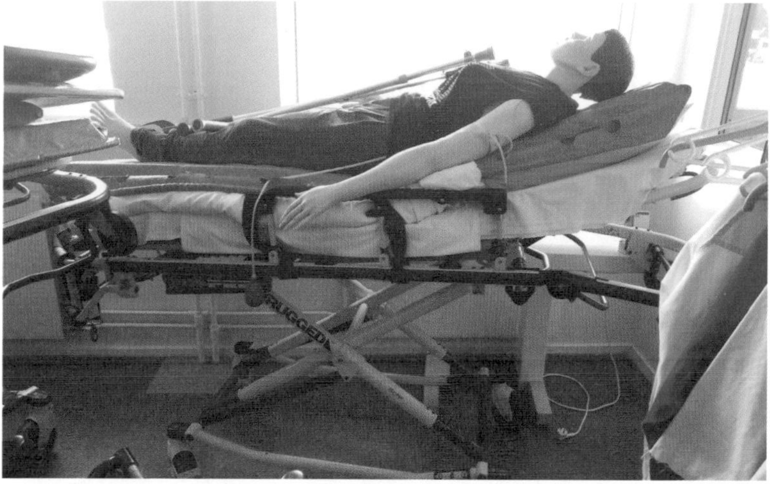

▲ 救護設備現代化很重要，但到場時如何與傷者和其他人同在，是一種救災者的素養。降低緊張，給人希望，引導調適悲傷。

臺灣平時也不是完全沒有想到史蓋爾職責關切的問題，但應對當然可以更為細緻。舉個例子，曾有被嚴重家暴的人跑去派出所報案或求救，值班警員直接回答「要不要送」？「要不要送」？意思是要不要備案？讓我們想想，要是你是這位婦人，你希望警察怎樣應對？這種一直問「要不要送」？這麼直接，要解決備案問題之外，還可以有怎樣更溫暖合適的因應？

11 請參見：https://kirken.no/nb-NO/bispedommer/nord-haalogaland/for-ansatte2/lrs/。

教會其實以往也在意外事故付出心力，或許未來從身心靈預防和與公務相關機關互動，也能考慮挪威例子。當然，也要省思，如今神職人員對這些專業社會支持的看法，以及文化和社會體制如何發展。但增進第一線面對受難者和其親友，要有更細緻的臨場應對，而教會服務人員能補強許多社會忽略的關懷視角和方法，應是值得肯定的努力方向。

## 3.6 失智者白挨罵被綁——比利時物治觀點

不論在家還是在安養機構，凡是照顧中重度失智者生活起居的人可能遇見一種經驗，就是一早要幫他們更衣或盥洗會遭遇許多「反抗」、「不配合」，甚至還認為他們會咆哮或「亂打人」。

這是從照顧者角度描述的「事實」。但真相是什麼？為什麼他們這樣？為什麼他們總是常常不能符合期待和預測？每天不能得到答案就要繼續抗戰，對照顧者很麻煩，對失智者也不好過。因為一早就衝突，每天至少一次，情況更糟則每小時一次。誰受得了？

這是許多人的心聲。比利時有位投入失智照顧十八年的物理治療師喬（De Clercq Jo），長期觀察學習，逐漸幫助照顧者改善照顧挫折，增加照顧效率。幫助照顧者省思怎麼做才能提升中重度失智生活品質。

人的腦要操控肢體角度和壓力，主要靠肌肉和關節受器。喬的基本看法是，人失智不只有記憶功能受損，神經控制系統也在改變。一般人從椅子上起來，或在床上被翻身，或站立時使用助行器，要能順利完成動作，或排除障礙，都要靠記憶、感覺、行動協調連結。

失智者隨著病情加重，協調指令發生困難。看失智者從椅子上起身慢慢來，而且比一般人更向前傾可知，不純因老了肌肉力量不足，而是他們花更多時間透過觸覺找他們要的感覺，根據對抗地心引力的經驗，以便繼續進一步動作。

更重要的是，因為感知改變（這用詞比「錯亂」中性些），而可能發生從照顧者用常人動作模式難以預判的結果。過程中可能伴隨不安、咆哮，和對照顧者來說的「攻擊」。喬提醒「不要只看到咆哮，而要探索咆哮的原因」。

喬建議，不要先認為失智者不配合、在搗亂。這是失智者神經操控改變後想要得到安全感和想要操控自己

▼ De Clercq Jo 物理治療師說明一般照顧者容易誤判和忽略的照顧問題。例如肢體縮起來可能為找安全觸感而非只是身體僵硬，所以不要為延緩失能硬拉開，而應試試引導觸覺放鬆。

身體動作的對外溝通表達方式。他們不一定能用口語解釋在做什麼或有什麼困難，或透過這些動作想得到什麼。照顧者要能理解，才能適當互動，在平順氣氛中完成基本照顧，並進一步思考如何支持失智者在這個階段享有生活品質。

再以晨間更衣為例，物理治療師視為一種被動運動。有些照顧者直接去掰開睡夢中失智者的手臂，但失智者的神經操控已經改變不適合硬掰開，攣縮的肢體外表容易被照顧者認為老化導致。實際上可能失智者透過攣縮動作摸索調整他的觸感，要找到能抓到的感覺。照顧者硬掰開，等於阻擋失智者努力，讓失智者更緊張不安。因為伸展過度(paratonia)可能反射攣縮頻率更高、更嚴重。

相似道理也用來思考長照主張的延緩失能運動。照顧者希望幫助失智者做運動，免得退化更快。喬認為，要看失智者處於哪個階段。在前期可以，到中後期，若跨團隊評估知道病情已經不適合這樣做，則繼續這樣做反倒不利生活品質。這時可考慮用失智者適合的方式來互動。例如，理解失智者特性會更需要觸感得到安全放鬆，設計適合的觸感互動。

問題來了。瞭解機轉的物理治療師可能一天只有他來的時候給失智者這樣的活動，而且以比利時為例，保險給付復能，每人每天可能只有十多分鐘，可是合乎機轉來做的運動要一、兩小時。而且即使物理治療師給予適當運動，那其他二十三小時又四、五十分鐘呢？所以，幫助主要照顧者與護理師想到，在例行照顧時找機會給予適當放鬆活動很重要。

以上談的還只是基本照顧。進一步看每天生活流程各環節，起床後若要幫失智者坐著，他們可能不會像一般人一樣的姿勢，我們幫助他坐到一般人適當姿勢可能受挫，或讓他不舒服。失智者的神經觸感操控需要腳底有墊子接觸。

如果腳接觸不到地面，可能引起不安，也就是俗稱的躁動。他可能要站起來走來走去，因為他試圖用腳踏到地面尋找感覺。所以，造成他們坐著不安不是他們的問題，而是我們沒注意他們需要腳踏墊。更不應就這樣把他綁起來，還研究怎麼綁比較人性。

又如用移位機吊掛失智者，可能一般束帶一套上背部，他接觸到會往後仰。照顧者看為不配合，其實不然。包覆越少可能他越找依託而動作，操作機器者也就越因不穩害怕甚至罵他。相似的「異常反應」發生在使用一般助行器把手，可能因神經觸感操控改變而容易上半身向後仰。若將助行器把手改為相反方向來握，讓他的手腕握的時候感覺不同，帶動他的肢體，可能使他身體比較往前而能安全些。

又如在床上翻身，照顧者通常把床升高，但是失智者被翻時因為其操控認知改變，覺得自己快要掉下去，可是不會用語言這樣說，而可能外顯躁動、咆哮。所以要找尋失智者可放鬆方式來翻身。

喬說，要理解失智者對抗地心引力的想法改變了。一般人的記憶、行動連結，習慣與地心引力互動，所以往來自如，包括中風者被翻身可能不像失智者那麼強烈的咆哮。失智者對抗地心引力的努力也變成不同於常人，照顧者得摸索其感覺為何？

例如用適當數量的靠墊放在適當位置，支持失智者身體感覺得到更好品質的睡眠（如在比利時使用的 Dina Sleep）。這樣，照顧者不會更刺激失智者攣縮，或兩腿更夾緊來找感覺。他們越持續長時間夾緊，肌肉越少機會展開，又因肌少，則未來更難做到展開動作。

當然，要小心運用，看個別需要，才不會因持續同角度外部壓力導致骨骼變形。曾有國內物理治療師發現照服員為長輩漏尿不會滿床而長期墊高，結果骨盆歪斜。

「當走路一直摔倒的時候，可能已經到了不適合再繼續勉強他被安排課程，多練獨自走路來延緩失能。當他開始躺著常縮起身體，可能到了不適合積極運動的時候。如果繼續勉強，或忽略腦變化導致的行為特性和限制，而仍然只從外表看其手腳動作與一般標準的距離而試圖介入改善，

▼ Dina Sleep 設計幾種不同的靠板，支持不同需要觸感與攣縮的人可以好好睡覺。

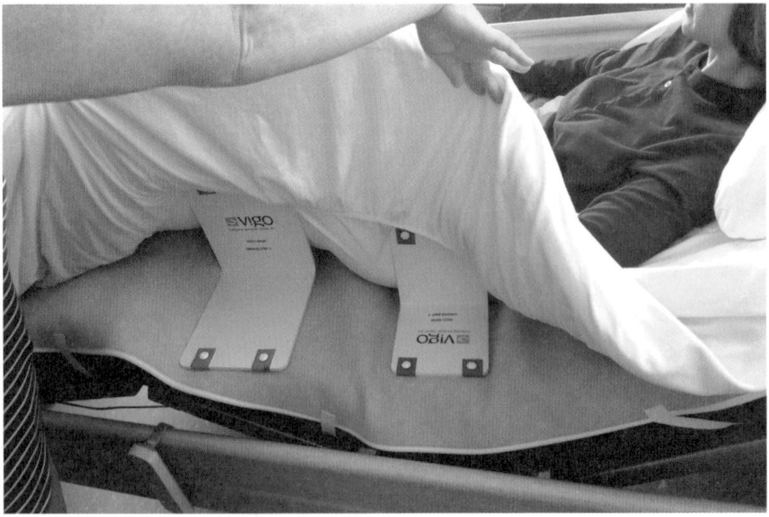

到底在促進還是剝奪他的生活品質呢」？喬解釋。

喬和同業在比利時還發展出「舒適浴」，不是一般洗澡，而是將網布覆蓋失智者全身，然後從每個細小單位面積給失智者刺激，讓他享受放鬆。一次需要四十分鐘。至少得到四十分鐘舒適感覺，這是中重度失智時的一種生活品質。

在比利時，有些安養機構採用以上觀念，調整照顧，重新思考何謂生活品質。已經省思到有些失智到中重度，肌少、脂肪少，不瞭解神經操控改變而硬去掰他們，使他們受傷風險更高。即使他們坐著，也可能因不適合的椅子而一直動導致壓瘡或皮膚破損。

喬總結說，失智是變化也是退化，人生理年齡七、八十的，實際上繼續表現的動作與互動需要，我們如何解讀，的確和看幼兒反應與姿勢有若干相似。雖然我們並不該把老人真當成小孩。

未來要給中重度失智者生活品質，喬認為首要挑戰還不在與失智者互動，而是怎樣影響照服員、護理師、家庭照顧者及治療師願意調整觀念。因為對照顧者來說，「調整」意味著承認以前做的不適當。對治療師來說，來照顧就是要讓患者運動，現在新的說法並不是要讓患者積極運動，好像患者更健康，治療師要丟飯碗。

若想到新的看法引導做法，能給人好生活又能減少照顧衝突，甚至原本要兩位照顧者來施力，變成分別去照顧兩位被照顧者，不是多贏嗎？這必須由照顧團隊一起來評估和學習。喬強調，是團隊同時一起，不是一種職業做了什麼再換另一種職業來接手。明白這些道理的物理治療師也許有更多時間當基層照顧者的教練，而不再只是一直去幫失智者運動。因為這樣，才能擴展延長失智者一天不同時段生活品質。

以上故事轉到國內來看，買器材很簡單，但若要大幅提升中重度失智照顧品質，要看物理治療、職能治療、護理師、照服員、醫師（還有照管專員與個管員）各專業人士平時互動機制與對個人職責看法，是否能真的開放心胸、平等對話、給付權責也支持，做到實質一起努力，以及國內對失智照顧的知識掌握。在急性照顧和就診開藥後，搭配一輪六次到府復健怎麼進行？誰能繼續去觀察介入之後失智者變化、他們的生活環境影響、主要照顧者怎樣因應每日照顧？這正是喬呼籲團隊的本意之一。至少若能降低綑綁約束和暴力衝突，甚至降低老夫老妻或兩代照顧的命案等悲劇，就很不錯了。

## 3.7 在地老化顧念營養——挪威

各國都在推動在地老化，因為原則上這樣最人性化、有品質的終老。同時，許多國家護理之家等照顧機構興建速度趕不上需求增長速度，如果失能人口很多，要住哪裡？所以預見未來，的確要積極發展健康的在地老化。

如何往這個方向去？老人在社區有房子住，有居家服務是不夠的。尤其人夠老、夠衰弱才有居家服務。應該在需要居家服務之前，就預備健康在地老化，才能延緩失能人口比例，支持更多人獨立自主在地老化，從六十歲到九十歲都可以這樣生活。而不是無法在地老化或一直失能在家難以享受在家與社區的好處，這就要及早訓練國民在地老化的能力。

除了大家較熟悉的要運動，還要重視飲食。如果營養不足，肌肉減少、體力不好，更容易衰退、老化或發生意外。或者沒有足夠蛋白質補充傷口復原所需，沒有足夠維他命D支持骨質。先前挪威已經有多種研究顯示，各地老人營養不良情形達百分之十到六十不等，安養機構還有到百分之七十，可見營養問題有待重視。

重視攝取足夠營養，就要探討如何確保長輩得到足夠營養？他們知不知道需要什麼營養？他們能取得嗎？取得食物真的都吃下去變成營養嗎？挪威旅館管理學校餐飲科教授Kai Victor Hansen和史塔萬格市經營有千位會員，營運非常成功的Skipper Worse老人活動中心合作研究，發現老人得到足夠營養的因素很多。若沒整體性同步改善，則就算政府花再多錢投入照顧，或老人已經在其他健康促進計畫努力，老年生活品質還是難如預期。

首先是孤單因素。Hansen對老人活動中心許多初老民眾訪談對未來生活期待，發現大家最害怕的問題之一是孤獨。這和十年前挪威退休準備學校的調查一樣。另一項研究則想瞭解哪些因素影響營養取得。發現老人很希望有人一起做飯或者有人陪吃飯。在晚年能共享、分享是種生活期待。照顧者不可只供餐，卻忽略陪吃需要，因為老人會降低吃的意願。這兩項研究一起看，顯示有人一起吃飯多重要。

其次是食物來源和吃了什麼。Hansen請多位調查員到老人家中對冰箱拍照。當地老人每天可向送餐單位預訂一餐，通常是晚餐。所以一週有七餐機會。老人每天營養有三成五蛋白質來自送餐。拍照發現，只有九分之一老人冰箱處於合乎常態結果，其他的在冰箱有一到兩份或三到四份晚餐。意味著老人可能因為想省錢，訂一餐分裝好幾天吃，或者一份送餐份量太多吃不完，或者口味不合吃不完。若如此，顯示營養不足，就要看另外兩餐的六成五蛋白質有無補充。而且送餐餐點馬鈴薯量太大，超過需要，蔬菜卻不足，影響營養均衡。

▼ Kai Victor Hansen 教授解說如何有效瞭解居家長者營養需要，調整供餐和非餐食的影響營養因素來改善，如喪偶。

拍照也發現，老人儲存食物種類從七到五十種不等。如果七種，已經是營養警訊。而且許多老人冰箱的牛奶是低脂肪。Hansen說，人在五十歲對熱量和營養需要和老了不一樣。廣告或電視節目說要低脂肪，要看年齡和個別狀況。

有的老人擁有的奶油和起司種類非常少，有的甚至沒有蛋，而蛋也被證實難以提供足夠蛋白質，還要有肉類等多樣來源。可是，老人到底有無自己取得、攝取足夠的蛋白質和維他命D很有疑問。如果發現冰箱食物很多沒吃或者非常少，還要懷疑老人是否失智。

影響營養取得還有其他因素，如用餐能力，包括雙手、視覺、咀嚼吞嚥。如果因為在別人面前吃飯很尷尬或者自己吃飯很辛苦，也會不吃或少吃。還有口感因素，例如口味不夠，或送餐到府，用微波爐加熱失去烤箱加熱口感，對味覺退化者降低進食意願或吃一部分。有的人得到的餐點覺得份量太多，其實是給先生吃或者給貓吃，是否真攝取也有疑問，這也表示營養可能不足。晚近還發現餐具設計也是因素，同樣飲食，大餐盤外圍有黃紅彩色的比白色的容易激發用餐動機。老人送餐如果用黑色塑膠餐盒，可能讓失智老人以為是黑洞而猶豫不前或覺得不是餐具。

展望未來，已著手多種措施：

1 **飲食教育**：因為很多老人也不知道自己在當下年齡、用藥、體況，怎麼吃。政府民間發展老人飲食諮詢中心讓所有人可以中立客觀的詢問。電視媒體可設計新烹飪節目教導老人如何自己烹飪，正確取得足夠營養的飲食而且口感到位。

2 **增加共餐誘因**：老人活動中心空間設計，非常重視提供老人有合理自然的機會相約一起來吃飯，護理師與志工到府陪老人吃飯。出版社出版食譜，老人拿食譜邀朋友一起做飯，甚至有的喪偶者因此找到新女朋友。

3 **送餐調整**：包含份量、內容、頻率、餐盒。考慮由客戶、送餐單位與政府討論如何增加送中餐可行性和費用，確保足夠營養。對無力自行詢問或如癌症等特殊飲食者送餐，找專業人員協助設計飲食，從同樣熱量和營養找替代飲食，例如一小杯香檳也能提供可觀熱量。

我國老人營養不足和肌少時有所聞，甚至第一線專業照顧服務人員對基礎營養知識不足，如何落實個別飲食仍有強化空間。過去零星營養訪視也早已看到老人家中冰箱

▲ 挪威老人送餐不只送，還到老人家中瞭解該餐吃了多少，足量否？每位老人需要什麼，所以原來的幾種選擇進一步調整馬鈴薯球數量和口味。同時判斷食量到底是個人胃口問題，還是有其他因素影響，例如喪偶。然後進一步思考如何得到營養。例如，派護理師去陪吃飯。總不要等到惡性循環摔倒送到醫院，才回推原來厭食是喪偶。厭食導致肌少，肌少導致摔倒。這不是菜色問題！

顯示孝順的子女買來一大堆食物，老人無意願或無能力處理而變成困擾影響衛生。政府定期公布飲食建議，但原則性居多，老人如何參考有待更好的資訊與衛教設計。加上華人飲食習慣和食材與西方社會有很多不同，供餐單位如何製造符合專業標準又是在家老人合用的飲食也是挑戰。未來如何更有效確保老人取得足夠營養，還需要政府民間努力，和新一代老人更認真的學習。

# 3.8 飛機餐帶來軟食狂想

最近在飛機上吃到一些沙拉，顏色自然、內容多樣、口味鮮美有層次又很強烈，但是不是很鹹、很辣？沒有！

如果不是廚師買了增味添加物，那就是烹飪真本事了。這對無趣的老人軟食有些啟示。甚至可說，若我們有心，在意長輩生活品質，對咀嚼困難的長輩，還可帶來很多希望。

飛機上這道沙拉是由海鮮類絞碎混蔬菜，分別製成如千層派的單片薄餅，再夾多種內餡，好像一個迷你三明治，嚴格說可稱「多明治」。

所以入口時，無咀嚼威脅，加上濕度、軟度和固著度夠，所以夠滑溜又不會散成如豆泥，無太多吞嚥困難。又因為好吃，會想動舌頭牙齒，所以口腔舌側夾側肌肉都在快樂運動。

▲ 飛機餐可以做到所有食材都很軟又維持有層次口味。這給長照許多啟示。是否今後營養師、機構主任和居服主管能不再用看輕的想法和語氣稱備餐職務者為「廚工」，一起學習，發展更好的技術提供餐食？
有些據點只有雞腿飯、排骨飯，許多長者咬不動。供餐者一直說沒辦法，長者難得到足夠營養。

▲ 糊狀餐失去食物原型和口味層次，影響食慾與營養。

如果某些老人心理不排斥、生理能接受這些原料，筆者再來確認含鹽未過量（吃起來是沒有）。如果有一天，只要一個月一天，我們在日間照顧中心或者安養機構，甚至居家照顧的老人能夠吃到這一餐該有多好。而且，這飛機餐經詢問，確認是臺灣自製的。如果是歐洲回臺班機，照例又有人會酸著說，「哎呀，人家國家有錢，我們做不到」云云。但這次吃的的確是臺灣做的。

回顧過去這幾年，臺灣開始重視軟食。因為國民越活越老，牙齦萎縮，牙齒掉光，或那個誘人便宜行事的假牙選舉政策弄出很多不合用的假牙，造成實際上不少人戲稱是「裝在口袋裡」，所以真實生活中，有咀嚼困難但需要營養的人很多。

他們被照顧的方式多半是選擇性吃原始軟食，這就影響營養。每次吃飯都是挫折。到了人行動能力只剩方圓五百公尺的時候，吃就被放大成非常重要的樂趣來源，所以影響非常可觀。有的人所謂不明究理的發脾氣，其實常與吃有關。

如果打成碎食，顏色灰灰，餐餐一樣，更糟。然後變成灌食。你看對方一排被灌，對方多人一排看你被灌，這就是晚年嗎？

後來，有心的臺灣人請了日本人來教導軟食，製作食物本如外科醫師般認真細緻費工的日本人，把各種原料煮熟，或者烹飪一塊肉後，都個別絞碎，添加號稱全自然的增稠劑。筆者有次私下問一位進口商，真無添加結蘭膠嗎？他說有！筆者希望多數不是這樣，但臺灣政府現在對日本食物的查核能力與意願，需要更專業的機制和執行力。

日本人分解幾道菜後，用模型框架又將食物重塑成原始沒有打碎的造型，意思是這樣，長輩能看到原型，會比較願意吃。例如一塊胡蘿蔔絞碎，重塑成胡蘿蔔長長的樣子和色澤。滷肉，重塑成一塊方型滷肉，但一咬，全是如軟泥而無需用力也無卡牙纖維，當然也較無咬勁。

每次日本人來示範，臺灣學員總是驚呼，但冷靜下來就想，我們有這樣多時間做嗎？或者我們長輩接受這種模擬造型食物嗎？

其實讀者大概不反對，華人飲食比日本飲食和某些西方飲食更多樣。華人對食物口味的期待很高。你看歐洲很多好的安養機構也是發展軟食，但口味與多樣性和華人還是不能比。他們老人也習慣起司火腿麵包和一些湯。一方面沒打算把很多精神花在吃。

吃，據筆者所知，南歐當然講究，但如芬蘭，很多人甚至只是能量來源的例行必然動作，而不是一直拘泥於吃。可是華人就不一樣了。蒸魚、炒菜、魚頭、雞腳、鴨掌、臭豆腐、各種內臟等，有人開玩笑說，真是天上飛機不吃、地上板凳不吃之外，什麼都入菜，讓西方人嚇壞也讓西方人廚師頭痛。筆者有次在荷蘭專為華人老人設計的安養機構，就明顯看到菜色與荷蘭人不同，後來

▼ 奧地利某機構的軟食。營養足夠，但顏色在不同住民的感受不同，或許可以改變。

都是由華人老人志工來烹飪，才讓大家高興。

不久前筆者在挪威遇見軟食開發公司執行長，他不但製作有成，而且因為非常專業，常受邀到各老人機構解說食安與保健。他告訴筆者，挪威有世界一流的鮭魚，他曾為發展軟食周遊各國，包括到日本超市一一檢視日本軟食特色。但他的結論覺得，還是華人食物好吃多樣。他非常期待以挪威鮭魚為食材，到亞洲來找華人開發軟食。他相信這是挪威鮭魚新市場，也能提供很好的營養！

別人都這樣在意欣賞華人飲食了，我們是否看到這優勢和潛力？雖然照顧老人不應只是為賺錢，但若因滿足需求形成產業，供應全世界老人更多軟食選擇不是更好。

迄今，如果去問營養師，老人喜歡重口味對腎、對血管不好怎麼辦？多數營養師會說，「經驗累積告訴我們，隨他們去吧，因為活不了多久。何必起爭執」！

其實人老了味覺退化可以理解，但不代表所有食物只能用重鹹、重辣，或者一定每餐要醬菜、豆腐乳。固然有些危害健康的食物是有些老人年輕以來的飲食習慣，也不能到老全都禁止，免得感覺被剝奪而失去生活意義與自主性。但隨著科技進步，食材保鮮和烹飪工具與營養知識累積，口味多樣和有感，並非是或非這樣絕對，仍有很大開發空間。

不久前在比利時一家以品質改善方法與成果知名的照顧機構，筆者臨時拜訪，隨機問起軟食問題，主廚立刻拿出一疊厚厚圖文並茂的講義給筆者看，告訴筆者他們研發軟食的努力和已經到什麼階段，以及下一步要怎麼做。的確和上述理念很相似。

目前在臺灣，多數照顧機構的廚師被稱為廚工，工作資格要有丙照。但主管對他們的期待與溝通方式，給他們的價值與參與機會，都還有努力空間。

主管有時說，廚師很堅持自己的想法或者怕麻煩不願改變，其實行行都在進步。展望未來，已不是一種菜為了不同咀嚼能力和口味，要求廚師炒四種軟硬度而已了。還有更多可能，共同研發好吃、能吃得安全、補充營養的餐點。與其僵持而保守，不如多看到華人飲食魅力和潛力，則臺灣做為世界老人增加速度最快的國家之一，在飲食這種基本又重要的照顧面向，大家還要累積經驗，幫助本地與他國老人，雖文化風俗不同，至少提供更多人晚年一些樂趣和選擇！

## 3.9 正視口腔照顧

從小到大，我們對口腔的認識，除非個人有特殊先天疾病，不然，常以注意刷牙和偶發性潰瘍處理為多。所以若倡議口腔照顧，一般人可能比較無感。

如果拿一個由豎起來的許多木片構成的大木桶裝滿水，來比喻完整的健康照顧等同裝滿，就不能有任何一片木頭頂端高度不足或破損，不足和破損必須補高。現在我們推動長期照顧也有類似的情形，若響應政府的延緩失能，拚命做四肢大肌肉運動，卻沒注

▼ 屏東瑞祥護理之家主任施秋娟解說如何精簡操作每日口腔清潔。

意口腔照顧等其他層面，則面對老化還是不夠完整。目前一般對肌少的定義與討論也以四肢為主而少涵蓋口腔。

口腔照顧要清潔、要運動，才能維持功能，還有些疾病表現於口腔，但原始病因未必在口腔，這都要自己有警覺，加上適時找專業人員協助。另外，就人體基本能量來源而言，除曬太陽得維他命D，呼吸得到氧氣，幾乎所有營養都從口入。口腔功能受損當然影響很大。即使四肢再運動而無足夠營養由口攝取，還是枉然。

事實上口腔清潔和功能維持要付出的努力，可能比一般想像遠遠更多。我國一般國民基礎教科書和大眾媒體對口腔照顧健康知能提供，相較先進國家仍有很多努力空間。民眾平時相關知識不足，去牙科診所主要時間用於趕快解決問題，雖然健保相關制度支持衛教，實際上落實者還是有限。街頭牙科診所越來越多，牙醫系可能超過醫學系分數錄取，這些現象並不表示我們有更多決心落實預防。

口腔有上百種細菌，口腔功能靠神經和肌肉複雜的連動，任何環節運作不良可能導致功能不彰。能使用而不常使用，例如可以咀嚼卻因備餐與餵食方便而一直給予碎泥食物，容易加速退化。這都需要留意和保養。

先以刷牙等基本清潔來說，目的是降低細菌孳生，抑制破壞牙體和組織。牙醫界已經收集資料，以國民蛀牙率來看，我國和柬埔寨、菲律賓屬同一等級，遠遠不及二次大戰後大幅改善的日本。

根據二〇〇九年臺灣牙醫在日本考察，與日本研究者討論發現，我國目前的蛀牙率相當於一九九〇年的日本。日本除了一般人蛀牙很少，尤其身心障者這些不容易自我保健族群的蛀牙也少，這是可敬的成果。日本國家長壽研究機構指出，現在日本牙醫沒有很多蛀牙可以治療來維持營運，轉而發展老年口腔功能和衛生維持的很多。這其中包括保有咀嚼吞嚥的完整能力，所以掛鼻管進食的也能盡量減少。

常有長照專家建議應多去日本考察，因為同是東方文化國家。其實我國要求精確、耐心、系統化和貫徹到底的工作文化與日本相當不同。導致口腔衛生和日本落差，也可能與在地飲食、生活習慣導致疾病、或醫療利益和照顧制度有關，還有來自預防性衛教落實多少和實施方法。當我們是世界老化最快的社會，很挑戰我們照顧的觀念態度和資

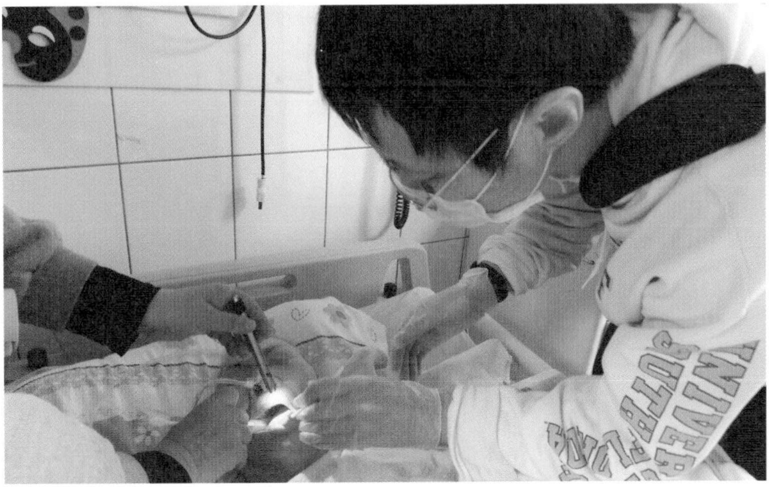

▲ 筆者學習如何安全為臥床無意識、無法口語表達者清潔口腔，並檢查有無異樣。

源配置。在長期照顧的世界，要做好這些需要的布局和急性醫療有些不同，也待釐清努力。

人年輕時不時的動，抵抗力好，問題相對少，有問題恢復也快。能張口說話、開口刷牙漱口，能將異物用咳或其他方式吐出，能吞嚥而不會讓異物跑到氣管，是多麼自然。但是老後卻有很多變化。例如衰弱導致裝假牙和咀嚼能力改變、口水減少、味覺降低、藥物多導致口腔潰瘍和味覺改變、口腔（含舌頭）肌肉能力衰退，等到失智，使感知和操控口腔能力降低，再使咀嚼連動的吞嚥障礙更複雜。問題不改善，醫療支出和生活品質影響都很可觀，而且越來越多。

所幸的是，照顧知識與科技一直進步，老人和失能、失智者口腔基本清潔有許多新方法。例如周全的口腔功能評估，然後擬定個別化照顧計畫來每日執行。有各種特殊牙刷與海棉棒多種新衛材，正確的使用能因應特殊族群保健。還有避免嗆咳的無水凝膠去除口腔殘留物和牙菌斑的衛材，以及降低口乾症困擾的運動與藥物，與配合吞嚥能力維持和對應的食材開發。

這些發展在他國能不斷發生，有幾個關鍵：

1. 突破既得利益而把資源投注預防。不以人們生病和維持失能狀態為營利目的。降低推動預防的阻礙，或者將預防能設計的更融入就醫與健康諮詢程序。
2. 失能、失智的訪視評估人員對口腔保健和口腔與其他非口腔領域的健康基本知識，以致能有高敏感度覺察判斷而發揮早期預防效果。包含照管專員、A個管、居服督導等。
3. 不同領域能充分合作，例如牙醫、語言治療、職能治療、營養、失智等專業，不僅於治療，還有預防研發。一般人想像他們是彼此理解的專業人士，實情不然，還有待更多互動。

**4** 照顧人員有必要的分工和對應的教育養成，如牙醫治病、口衛師負責保健。在日本早有一百五十八所口腔衛生士學校和對應就業職系，這師法美國，美國也早已分工。我國只有極少數大學有相關科系且無對應合法職系。

**5** 長照給付制度能對應支持預防性照顧，支持足夠頻率和人數的預防服務而非做半套花了錢卻無效果。將口腔照顧放於基本照顧沒錯，但得有落實標準而非有做就可領錢。

**6** 失能、失智主要照顧者，含家屬、照服員、居服員與二十七萬外籍看護，要能理解預防照顧的重要和沒有做好的風險遠遠比想像的要高，而有每日實際的介入素養。

完備的長照包含有效的預防性長照，延緩失能圖像今後應更全面。讓預防有功的人有比以往更多的舞臺和報酬，這才是健康的社會、健康的照顧思維。有健康的照顧思維才能帶來正確前瞻的照顧使人更健康。口腔，是我們最待努力的環節之一。

## 3.10 長照大「缺口」要彌補

我們的長照發展得很快。一樣一樣政策接著來，看似提供很好照顧，事實也的確在進步。不過有些卻相對一直很緩慢，成為長照缺口。這裡是一語雙關，真的就是缺口。缺乏有品質的失智、失能者口腔照顧。

另外，近十六年來，每逢選舉就有很多候選人主張送全口假牙，這支票很管用。但實際上八萬元行情的一般全口假牙用四萬元補助讓牙醫做，還有人剩幾顆牙的，因為覺得部分假牙很貴，乾脆拔了配補助的全口假牙，後來有些老人得到的假牙品質不理想。達到選舉效果，可是花很多錢之後，未必長期幫助長者維持口腔功能。

也有的醫師因為明知患者不願配合口腔照顧卻嚷著要做補助全口假牙，而產生很大專業矛盾。甚至想到全口拔牙將加速導致失智風險。

說起口腔照顧，讀者可能想到看牙。其實看牙是牙齒或口腔生病了，更積極應該是預防。有些牙醫私下就說，投入預防遠比補助全口假牙更實在。這個道理簡單，但因選舉和醫界想法，落實卻困難重重。

想想看人一天洗一次澡，或兩天洗一次澡。可是一般正常進食的人如果一天只刷一次牙的後果是什麼？口腔保健的知識告訴我們，人吃了食物幾乎都會產生酸，造成牙齒威脅，口水可以中和保護一些。但要看飲食酸到多酸，量有多少，頻率有多高。這些可以產生侵蝕牙齒，甚至牙周病等。

實際上口腔感染不但造成牙齒疾病，還連帶產生或加速其他疾病，例如肺炎、

▼ 口腔照顧工作坊老師示範清潔口腔，照顧者姿勢很重要，要能有效徹底執行，也要保護自己降低職業傷害，包含腰部和被咬。

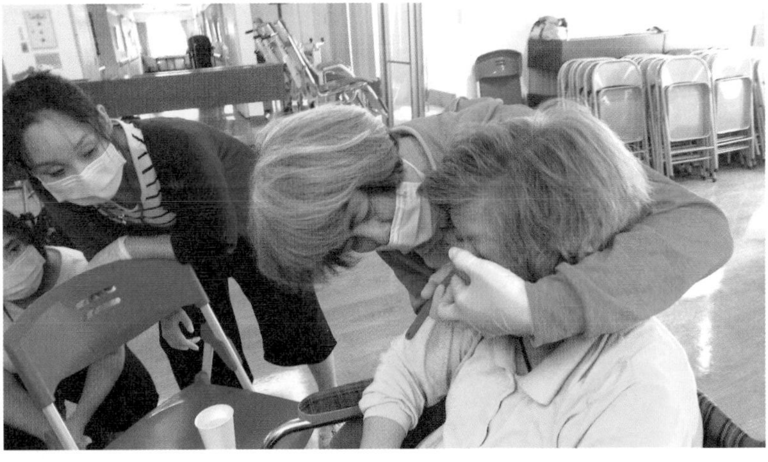

糖尿病等。年老失能者失去口腔自理能力時，加上老化，這些衍生問題可以成為多種疾病誘發源。當然對生活品質有影響，甚至危及生命，不過死因大概很少這樣記載。

此外，口腔健康影響社交、影響自我形象、影響進食，就影響營養。政府狂推體能的延緩失能運動，但口腔帶來的各種變數尚待更多重視。就整合照顧而言，若各種不同領域的專業照顧者對口腔衛生有基本認識，將大幅提升照顧品質，長期而言也會降低照顧支出。

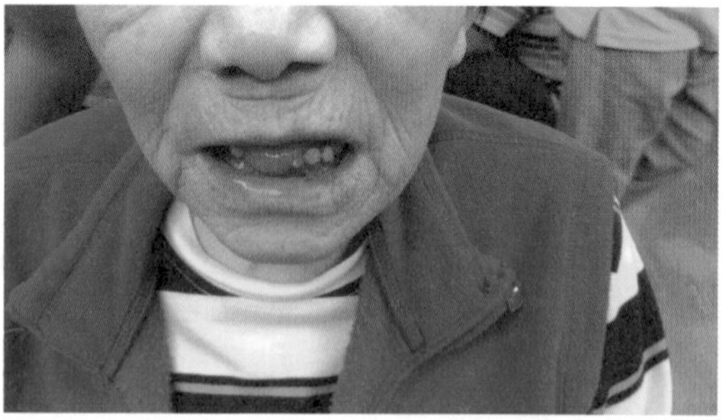

▲ 用顯示劑可檢查清潔後還有多少牙菌斑，以瞭解清潔效果。

例如，一個安養機構如果營養師、廚師、護理師、照服員、職能治療師與機構老闆都理解口腔保健，每日長者客戶的進食和點心供應時機與供應後保健安排都可能重新考量作息時間表。一位居家服務人員若懂得口腔衛生，不但會注意支持老人定期清理口腔，甚至會想到備餐方式。

政府現行的長照政策將口腔照顧和洗澡等放在一類給付，但專業照顧者許多人並不具有完整實施口腔照顧的素養。或者拿海綿棒晃幾下做不徹底，或者怕被咬和怕患者出事而不敢做。以致長照投入很多資源，獨缺口腔照顧到位。

另外，失能者口腔照顧在他國有口衛師，或者積極培養所有專業照顧者投入失能者口衛。可是臺灣的牙醫界因顧慮總額給付被分走而並不積極改變現狀。除牙醫，最接近口腔照顧的護理系，儘管所謂有提到、有帶到，但實際上老師有沒有能落實完整教會學生，各校參差不齊。也有護理老師說，這也要詳細教，恐怕四年不夠時間。

展望未來，失能者口腔照顧需求必然增加，而且植牙者老了更是一大新問題。恐怕需由照護司、或口衛司、或長照司找個避開牙醫總額的財源和名目，讓口腔保健與洗澡等基本照顧脫離給付而成單獨項目。而且同步要培養所有長照專業人員的口腔保健知識，並要求所有居家護理師、居服員、照服員有能力、有意願、有誘因接手基本口腔保健。制度和人員素質重視，長照大缺口才能彌補。

# 3.11 推廣吞嚥看強化長照素養

## 引言

人口老化，社會有更多很老的人。照服員多，家庭照顧者更多。外籍看護有二十七萬人。政府訓練了很多人多數離職，媒體說理由是薪水，薪水越來越高時，有無想過訓練和學習方式？即使投入，照顧消極或不當有時與熱情有關，但裝備基本知識和學習能力也是關鍵。因為不瞭解沒把握而不敢做或不知道怎麼思考，是任何人趨吉避凶很自然的反應。所以，面對不斷進步的長照可能帶給人希望時，發展更有效、有自信、能自主、有啟發性的學習方式，尤其對成年人，非常重要。這才能幫助更多照顧者、年輕老人照顧老老人、老伴照顧老伴時，更知道怎麼辦。吞嚥是非常典型的例子。臺灣仍有許多人不瞭解語言治療師和吞嚥知識可以幫助很多人起死回生。若瞭解這些知識和專業人士以後，這樣說並不過火。願大家和語言治療師越來越有共同語言，將公園、日間照顧中心、機構、居家，那麼多鼻胃管老人的照顧現象視為長照國恥，和語言治療師等專業人士一起努力，盡可能維持進食吞嚥能力到終老。也藉本文類比思考讓其他長照學習現代化。

## 本文

政府在推動延緩失能，多數活動比較聚焦外顯的大肌肉，這當然重要。不過還有些比較小的肌肉也需要注意維持功能，吞嚥就是。雖然從口腔到咽喉再到食道的總面積不像大腿大，可是營養從這裡進來，生活樂趣也有很多靠這裡。所以，能正常吃喝吞嚥很重要。這部分功能正常，全身能量得以維持供應來源。再去做跑跳伸展才有力氣和反應能力。

我們社會晚近十年逐漸重視吞嚥，想要幫助吞嚥有困難的人，包括只是老化，還有因為疾病與治療造成吞嚥失能者。二〇一四年前後立法院厚生會冠蓋雲集開會討論減少鼻胃管，鼓勵學習吞嚥障礙克服的相關立法與未來發展，當時主持會議的是很有學術行政雙重名望的人，在一開始司儀逐席介紹與會者，介紹到語言治療師時，他還問臨座者，「這個會議，語言治療師來做什麼」？殊不知在臺灣，語言治療師是承擔吞嚥照顧的主要專業人員（某些國家如丹麥，是職能治療師擔任）。主席質疑也可見，我們社會對吞嚥照顧還需要更多推廣。自己、或

▼ 國內一直想研發軟食，但還有許多技術要克服。尤其從老人的眼光與感受來入手。圖為安養機構實驗的軟食餐，做好時很漂亮，但還有均質、離水、塌陷變形等變數要考慮。不然將心比心，能提升食慾和愉快進食經驗（甚至吞嚥安全）嗎？

家屬、或照服員有正確的基本理解，才知道有困難去找誰。

二〇一九年，長照服務和宣導比以前更重視吞嚥。因為專業人士努力，因為社會需求更多，因為更多人理解有些人不是非插鼻胃管不可。另一方面，人老化後嗆咳能力弱，萬一食物落入氣管很危險。語言治療師可以幫忙突破許多困境，給失能、失智者希望。在這個處處充滿負面觀點，許多民眾缺乏耐心的社會，大家很容易想要速成。但老年生活安身立命和長照服務，卻一再挑戰我們的耐心。此時，如能把吞嚥知識更系統普及的轉譯給大眾非常關鍵。

如果，每種知識都要從盤古開天講起，學習者可能不知如何學起。如果，每種知識都要先備知識，則講者講幾句，聽者逐漸感到更陌生疏離，怎能有興趣繼續學習？如果，介紹時只是一再說明這種知識很高深，不過是榮耀講者，讓學習者更自卑而已。凡此種種學習經驗，怎能期望和激勵基層照顧人員裝備相關知識能力與應用素養呢？

現在在臺灣，花錢、花時間辦講習很多，許多是一次性，動輒幾百人，遠遠看投影片，往往學習者難以進入情境或內化。對有知識基礎的人，一次性研習可能有用，因為他們有經驗，知道如何抓取所需。但對白紙開始的照服員，就不是老是一次課可以幫助。「認識失智」的課程四處開四處上，還是在「認識失智」。知識有無進一步轉移到基層照顧者並且深化大有疑問。

當有所謂進階課程，和進階之前是如何產生連結？若沒有，怎能期待整合應用呢？限定有一年資歷的人參加，是怕來的人聽不懂。但若在教學設計同時想到如何讓學習者用到一年經驗來彼此激盪，是不是比排排坐更好？更不用說一個問題不同講師好幾種說法讓學習者不知所措。因為我們少教原理，以致學習者無從挑戰反思不同講師說法，進而判斷針對客戶，自己應該如何選擇。口腔保健程序方法眾說紛紜是很好的例子。

有時，善意的講者看到一群學習者迷惑的眼神可能說，「別緊張，考題會公布」，或者，「這個你們聽聽有個概念就好」。試問，最基層第一線天天遇見的照顧者們若是繼續這樣學習，如何養成照顧能力？如何降低風險？如何提升生活品質？職業照顧者如何有職業自信與尊嚴？大家繼續如此，如何讓逐年加碼的照顧經費有效落實運用？

很重要的是，將一個領域的知識從學習者或照顧者的觀點和處境出發，把資訊、知識、智慧設計為學習者有興趣、覺得有用、能自己一步步往前學、能自然的結合自身照顧經驗，甚至一起創造新知識，是非常重要的。這也正是多年來筆者在荷蘭和北歐看到的老人照顧與身心障照顧教與學的方式。

回到吞嚥為例。吞嚥是種食物型態得宜，器官功能、神經控制和感覺功能都要到位，這些全都正常，還要能一起運作協調控制才能發揮功用。如果對象是完全不具有背景知識的學習群體對象，很快直接切入吞嚥如何進行，是否是最好的學習程序？從吞嚥過程介紹開始？是要從營養攝取講起？從整體人體運作講起？還是從問題現象講起？或者從人老了能快樂享受生活的條件講起？怎樣開場能引導學習者聚焦人而不是聚焦病，更不是聚焦錢？怎樣逐步把相關背景知識有層次的、有樂趣的引介給大家？怎樣確認學習者瞭解知識？

在學習歷程中，如果學習者有疑問，如何有一個符合效益的平臺讓學習者知道怎麼問、敢問？而且所問的，要是學到心得，怎樣讓相似問題的學習者能容易也分享到，轉為更多人的共識？

如果加上預防的思維典範，是否應從無病的人如何保有吞嚥能力講起？豐富經驗的語言治療師因為天天面對病人，也許職業反應使然，一開講會直接跳入有病的人如何訓練。但面對推廣常識和協助照服員與家屬逐步建立基礎知識，若有病而有吞嚥的治療牽涉變數較多，是否應先跳過介紹有病的人如何如何，而先介紹一點吞嚥「通識」，更容易引發學習者的經驗聯想？

例如，我們是否應先討論平常人怎樣避免噎到和嗆咳？記得有次一位很棒的外科醫師告訴筆者，他感覺到人老了，中樞神經退化，口腔到咽喉的感覺神經退化，加上器官老化，可能咀嚼到吞嚥更要專注。因為完整的咀嚼吞嚥過程，已經有好幾個變數在影響風險。這時，若一群人一邊講話一邊吃喝，會容易氣嗆到。所以他覺得與老年人吃飯，應避免和他們說話。

▼ 能先學辨識口腔疾病的現象，清潔時就能觀察及早發現問題。

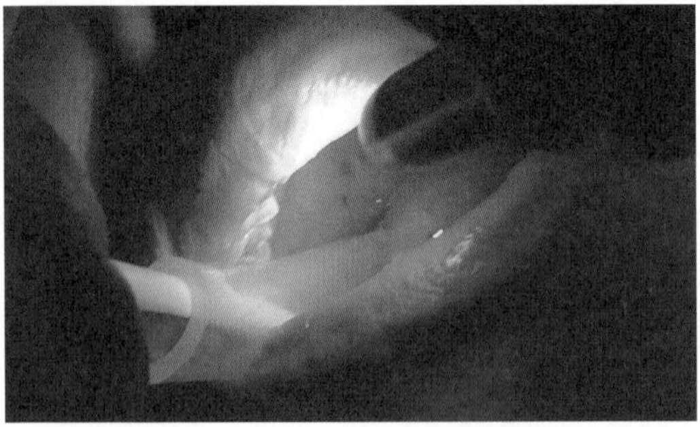

如果這樣帶進解說相關解剖學基本知識，是不是更讓學習者有感？是不是大家更知道為什麼而願意去留意照顧細節？更知道想表達對長輩關心固然可取，但不要在長輩進食時一直像機關槍一樣問長輩很多話。

若一般老化可能帶來吞嚥風險，是否我們可以想到，只要由別人餵，長輩更需要配合節奏和溝通，這樣進食程序更複雜？是不是基於這種理解，應更積極的支持長輩自己吃？即使吃得慢影響整理餐具和食材，但因瞭解意義在於自主又降低他人餵食的風險，所以照顧者和管理者更願意規劃讓長輩自己吃的機會？

再者，若一定需要餵，因為對吞嚥理解，例如食糜團形成需要時間，懂得看老人還有多少器官能力，當下精神好不好，所以會慢慢的看老人的反應來給予食物，而不是很快的送，「一二三吞」！「一二三吞」！讓進食成為恐怖經驗。若因此而拒食，誰的問題？需要就醫？需要插管？需要從這家機構趕出去到別的安養機構？然後免疫力不良來來往往送醫院？

筆者回想五年前學照服員在一家多次評鑑優等單位實習時，被指定每日下午負責一位看不見的長輩以快凝寶混米湯餵食，他沒插管。資深的照服員告訴筆者，此長輩要吃的時候，就是只要他嘴巴張開，我們就趕快把一杓的食物送進去。然後他一吞，再張開，就繼續送進第二杓，就這樣類比把整碗送完，「這樣懂了吧？去做」！筆者當時要尊重老師，筆者參加臺灣照服員課程也沒有學基礎吞嚥知識，所以只能照老師說的去做。

但是如今想想，真是虧欠那老人。儘管他看不見，還能聽、還能聞。難道他午覺睡醒就沒別的活動和享受互動的可能？就是像籠中鳥或豬舍的豬只有一直餵一直吃？而且好在那時他沒嗆到。其實從後來多一點吞嚥基本知識來

▼ 語言治療師王雪珮在雙連安養中心帶領吞嚥照顧，試用軟食餐。

看，那樣睡醒趕著餵食很有風險。筆者也不知道要先和他互動，來瞭解他的神智狀態，更不用說想到給他一點快樂。如果是你我花很多錢住在一個安養機構，天天被那樣餵，餵完就放在角落，再等下一餐，感覺如何呢？之後，筆者從挪威國家老年健康訓練中心學到，這叫做進食儀式和情境幸福。他們照服員基本課程許多章節都用這種觀念開場，幫助學習者不斷思考營造情境和考慮察覺流程變數來增強照顧品質與安全，要照服員有觀察省思和規劃能力。

所以，如要幫助基層照顧者學習支持被照顧者進食，從基本進食和說話能力的維持確保，是否比一開始就講病更容易學或更實際？

▼ 語言治療師王雪珮帶領健口操，盡量讓老人覺得有趣、有動機、有互動。

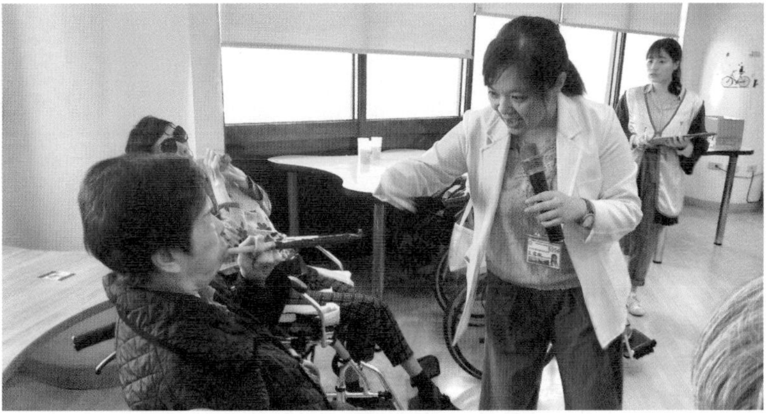

有了最基礎知識共識，再來引介吞嚥的每個環節，再來給進食有困難的例子，培養整合判斷能力，例如是口水不足？是牙齒沒力？是口腔發炎？許多人進食會不時開口，若瞭解口腔肌肉和舌頭互動關係，就想到，不斷開口吃不只吃相問題和聲音問題，是否影響咀嚼肌效能？這樣，學習者就有逐步具備自學和察覺能力。

十年前，筆者在丹麥學習居家服務，實習老師就告訴筆者，他們一年多養成有許多模組課，每個模組結束老師都要出題考整合判斷和採取行動的能力。例如，「某老人、幾歲、目前怎樣生活……，他今日不吃，請問如何理解、如何處理」？

學生要說答案也要說為什麼？根據在哪裡？是這樣反覆訓練出來的照顧者。後來筆者看到他們的教科書，每個主題都先有布局圖，學習者要瞭解一種知識的布局，這樣見樹見林，有提問和發展的能力。二〇一五年後丹麥有鑒於社區照顧趨勢和重症在社區更多，將新進照服員訓練增長為兩年半，還是相似的教學方式，教材更數位化、趣味化，讓學習者按著自己的步驟、興趣和想探討的問題來學。自主性更高，參與度更強。在臺灣，常聽學習者說實習和實作有很大落差。

必然如此？怎麼他國不是這樣呢？如果落差總是很大，不是很浪費時間嗎？而不是時下許多照服實習帶領者的表情言語是「照著做就對了，別囉嗦」，也不是「再多解釋你們也不容易懂，所以你們只要照著做就對了，其他的別做」。更非「有些比較危險的，我私下教你們，能推給家屬做盡量推給家屬，免得被告，懂嗎」？實在來說，若無自學系統建立，沒有知識基礎和發問能力的學習，照服員不知怎樣問也很自然。面對需求急速上升的臺灣，難道我們要繼續這樣推行長照和人才養成嗎？

▼ 比利時軟食公司廚師解說手持取用的軟食，要考慮不能一拿就掉屑，以便老人尷尬而不便和不願吃。

# 3.12 丹麥足部保健分享記

## 引言

來自丹麥的足部照顧學校老師媚特（Mette Molder），在臺灣與全國護理師分享足部基本照顧。在歐洲許多國家，足部照顧早已受重視，有專業學校（高職），有完整的設備、工作防護和消毒系統。一般人受完義務教育可讀，也有護理師去讀增強照顧能力甚至轉業，因為護理的溝通經驗對足療業很有幫助。足療學校讀了有對應職業，有明確服務範圍。這種服務普及於老人關懷據點和活動中心，讓老人可以不必跑醫院，就近及早預防足部問題。臺灣北、中、南、東都有護理師發現老人足部問題嚴重。在社區健康促進活動發現老人難以跟上，後來一脫下鞋檢查，幾乎大部分都有問題。就連媚特老師來臺在工作坊上課，教室裡近百位護理師等專業人員，一檢查，也有將近一半有灰指甲或其他疾病。筆者多次前往丹麥學習後曾在臺灣東部與南部鄉村訪視居家物理治療復健時，發現老人腳有嚴重雞眼和後天扁平足等問題已經影響行動，怎能復健運動？當場問物理治療師和護理師，也表示無法處理。這不怪他們，而是我們缺乏訓練資源。可見足部照顧在臺灣多麼需要重視，有待更系統專業的努力。以下是媚特老師來臺講習重點。

▼ 丹麥足療學校 Mette Modler 老師站在講臺示範走路姿態如何影響足部健康。

本文

人的足部問題除天生特別困擾外，一般從青少年喜歡運動、長時間穿襪、穿鞋、用力，或氣候潮濕等因素開始有各種挑戰。中年則有高跟鞋造成擠壓變形，為晚年預先造成危機。到晚年則因免疫力降低、骨骼變形、肢體老化不便自行保養還有疾病與用藥等因素，而變得更要小心。一不留神，輕者治療幾個月，重者演變成截肢或喪命。

有鑑於這些累積知識，歐洲許多國家早已積極建立足部照顧服務。在臺灣，我們已有足部養生和美甲，有的私下協助處理灰指甲和指甲內長等困擾，因業者對醫療知識理解不一而屢生風險。雖非事事上報而讓大眾得到提醒，但想處理反而帶來更多問題的例子早有所聞，例如感染。

即使專業醫療，處理方式也很有討論空間，例如指甲有問題就全部拔掉。這樣雖然很快，但為什麼有問題的原因卻未必弄清楚，可能下次又發生，患者痛苦和花費沒完沒了。

丹麥足療學校已經超過五十年。媚特老師有二十年實務教學經驗，學生遍及各地開業。她與校長來臺協助衛福部建立評估標準，並做教學示範。由於臺灣目前已有物理治療師等各專業職系，但無足療師，以往民眾就醫多半到皮膚科診所，或被轉介到醫院動手術。這已經是發生問題或者較後期，民眾的社會成本與醫療成本都高。

所以，未來要提升預防效能。初期發展寄望居家護理師投入，根據居家護理師的護理與傷口訓練，以及現職服務型態，可能最接近發展建立服務系統和知識。媚特引述丹麥的研究指出，丹麥在一九七〇至一九八〇年之間開始大力推動跨領域糖尿病控制，足部預防照顧是協同防治項目之一，後來統計截肢減少百分之八十！不是百分之十八。

後來丹麥又統計不重視足部照顧的後果，一個能預防而不作為導致的足部傷口，相當於一位護理師一年薪水的醫療代價。或是計算截肢的花費，達新臺幣五百萬的代價，這還不算停止工作損失與生活品質這類無價的代價。所以媚特對臺灣護理師說，誰投入預防都可以很快樂的告訴總統，我們幫臺灣省下巨額醫療成本。若將省下的錢用於其他創造生活品質的政策豈不更好？

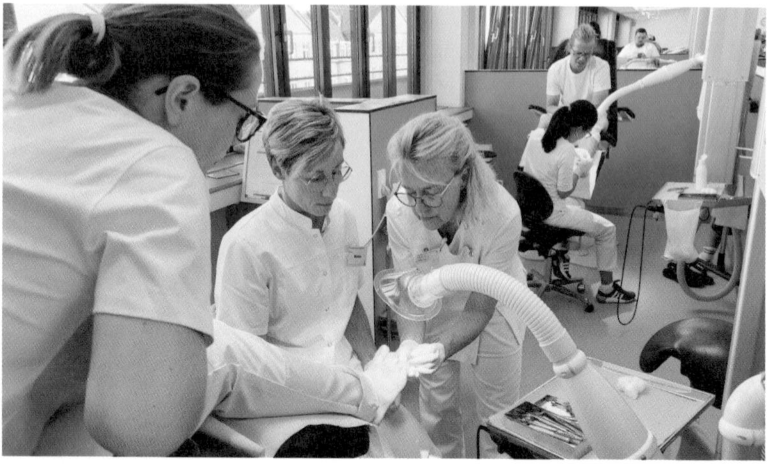

▲ 媚特老師來自的國家丹麥，足部照顧學校已經有近六十年歷史，對疾病預防和民眾生活品質幫助很大。圖為媚特老師在足部照顧學校指導剛開始實習的學生。這和國內某些人想像的足部照顧就是按摩、修腳更深入。

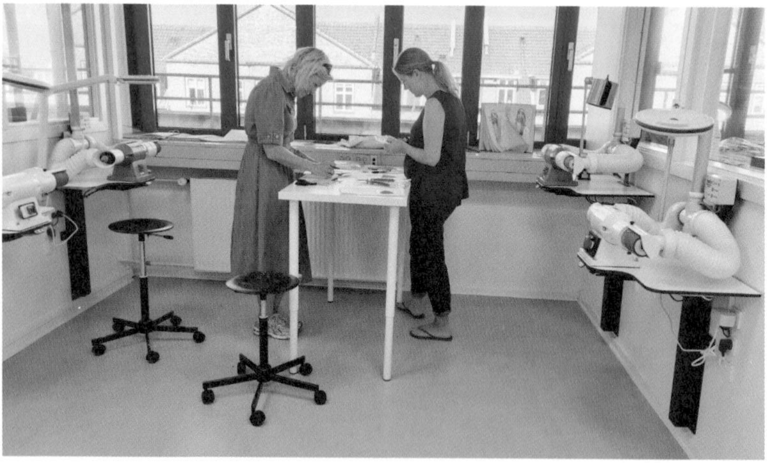

▲ 丹麥足部照顧學校畢業者除處理腳的預防保護，也包含能做個別化調整型鞋墊和崁甲矯正鋼絲。這類需求在臺灣分散不同領域，或民眾不知道求助誰才是專業，或非常貴而使弱勢者無法得到。

從媚特引進的知識明顯可見，的確預防醫學色彩十足，先介紹無需深入醫療知識和技術，也不用花錢吃藥、抹藥的常識動作與觀察開始。因為一般人、家庭照顧者和居家服務者不難做的都不做，怎能做好預防？這些雖不能幫誰賺大錢，卻是一個真正重視預防的國家全力以赴之處。

媚特首先示範足部晨操。她坐著用五根手指夾住五根腳趾，左右上下前後搖搖好像喚醒腳趾。其實是因為人一早起床，先這樣做，讓腳趾肌肉骨骼鬆弛柔軟，增進血液循環，等一下行動時比較好協調出力。尤其老化足部僵硬的人更值得做，每日一早向人問安前先向自己的腳問安。

假如有拇趾外翻的話，可以用粗橡皮筋套拉兩隻腳的大拇趾，兩腿兩腳全部併攏，然後腳跟合併不動，拇趾向左右兩側外展再合併，來回練習多次。這並不能完全改善外翻，但是從神經壓迫的角度，可以減緩疼痛。若是槌狀趾，則可一腳前一腳後，前腳跟輕壓重疊後腳趾，減緩症狀。這些都不需要錢，而是瞭解問題機轉，自己可以減緩困擾。

接著，介紹照顧者先用手接觸客戶足部前背動脈和後脛動脈，從能否容易感覺到來初步判斷循環。若摸不出來，會進一步用手摸腳大拇趾下方，用手指重壓看有無在五秒內恢復，這看水腫否。若這些有疑問，可能建議就診，也做為進一步觀察足部現象的參考背景，以免誤判紅腫等因素來源。

再來要看客戶的皮膚外觀、指甲骨骼外觀。皮膚包括摩擦、硬皮、龜裂、紅腫、雞眼、感染、濕疹、黴菌與傷口。指甲部分的過長、厚硬、黴菌（灰指甲等）、往內長、扭曲、感染、龜裂。骨骼部分的拇趾外翻、兩指重疊、扁平足、腳踝下塌、高弓足等這些改變施力重壓現象。這些可能來自先天也可能是穿鞋襪影響，還有老化。像走路扭曲狀可能是骨骼已經變化，若不檢測確定，可能誤以為是扭傷，就差遠了。足療師有訓練可合理懷疑而提早請客戶就醫，還要詢問客戶一些光憑觀察無法得知的資訊，如疾病和用藥。以便接著要修腳或剪指甲等工作，能據之慎重小心，達到目的而不製造新問題，如感染和出血不止。

除以上健腳操、觀察詢問，媚特還介紹對足部神經敏感度基本測試。包含用棉花棒碰觸常受壓力的部位有無感覺，用十公克壓力的塑膠針測試壓力覺，將棉花棒折斷，用尖銳端測試腳底痛覺，以及以反射鎚敲擊膝蓋測試膝反射，然後是用電動震動機器量測對震動程度的感覺。

最後有溫度差異測試，用專業測溫筆的兩頭，一為金屬端一為塑膠端，通常先選腳背，因為這區域比較敏感。對客戶同一部位，以兩端隨機碰觸，然後問客戶感覺是一樣或不同？用以判斷客戶足部能否感覺出溫差。如果多次發現分不出來，要懷疑神經傳導或血液循環等有問題，建議就醫。

這些測試除膝蓋反射和電動震動有儀器或需要多一點點專業知識，其他幾項一般人就可相互執行。筆者曾多次用於老人大學，的確找出一些人已經有問題，但當事人不知道有問題。所以媚特說，在丹麥也有不少人因為測試才發現自己腳有問題，甚至意外知道有糖尿病。

▼ **糖尿病病患的腳因未能控制保養而截肢，社會成本非常可觀。土耳其大學跟進丹麥，現在大幅降低截肢。但我國還未有專業的足療學校。**

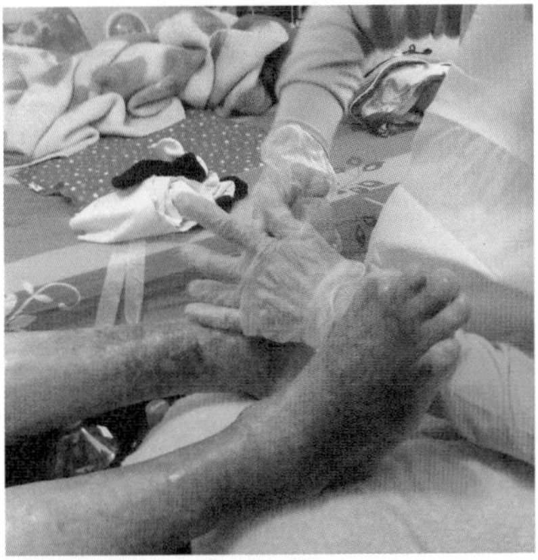

媚特介紹感覺神經系統和運動控制神經系統。因為這是足部照顧背景知識，用以瞭解糖尿病的後果和為什麼腳有各種不正常的反應。而且這些因血糖高低不穩和末梢神經被破壞，也可以造成走路與站立不穩而摔跤，或者改變足部走路重壓位置，造成骨骼變形或硬皮，以及皮膚和指甲容易龜裂。這些問題當然要多重保護，包括乳液保養和指甲維護與鞋襪選擇等。

媚特舉了丹麥真實故事，有小孩喜歡玩樂高玩具，把玩具塞在每隻鞋子，第二天祖父母不知道，神經又已經受損，穿鞋子腳流血都不知道痛。類似的例子還有髮夾等。在臺灣則較多發生小石頭塞在鞋內造成足部受損。所以媚特建議，長者每次穿鞋最好倒一倒確保鞋內清空。

以上各種足部測試治療，都要找安靜的環境，以便客戶可以專心聆聽和測試。而且每一項測試都要先告知客戶，甚至請客戶用手先感受、理解測試器材的感受，讓他們安心並且配合。都瞭解後，才開始修指甲和整理皮膚。

工作時要戴手套。有橡皮材質，但有人過敏，也有其他材質。千萬記得，每二十分鐘要換。因為手套雖然隔離防護，但手指會出汗，會影響手套材質防護能力，若不換繼續戴等於沒有防護。這個耗材不可以省。同時，工作要有可升降椅，保護工作者背部，才能長久執業。雖有工作椅方便，可以調整高低也可以調整雙腿個別高度、角度。但要注意，若客戶背部無力或有背痛，不要一次把兩隻腳都升高，以避免壓力向後造成客戶背痛困擾。

比較現代的磨腳砂輪會自動吸附粉塵，若無此設備，要戴口罩避免肺部傷害。相關對照顧者與客戶保護原則，也

▼ Mette Modler 老師在臺灣示範精準使用器械清除硬皮與磨甲。

適用家庭照顧者和居家服務人員與居家護理師，要注意工作環境。

關於指甲整理，媚特提醒，若有一隻腳趾有灰指甲，剪指甲和磨修指甲時，務必先處理所有其他的指甲，最後才來處理有灰指甲者，以免交互感染。這種一點也不困難的常識，若不能落實，足以對老人構成健康威脅。但平時如何從診所醫師和一般衛教聽到，很難說。

媚特還提醒，所有衛教要注意溝通時機，要看客戶是不是在注意聽，以及選每個照顧處理段落的時候說，以達溝通效果。這是丹麥足部學校正規教育非常在乎的素養，而非只管賺錢。

一般處理指甲就是把過長的剪掉。臺灣護理教育會說要「平著剪」。然而許多護理師聽老師說，不見得真瞭解怎麼做，尤其指甲形狀人人不同。媚特先介紹所謂平著剪，得先瞭解總要留一點長度，不宜全剪到接近甲床，不然比較胖或者皮膚光滑或脆裂還有硬皮的人，就很容易破裂感染。

她還分析平著剪至少有三類，要看指甲的厚薄、彎曲程度。其實較彎的指甲反而要剪往身體側略弧形，以免最前緣保留不夠而容易內嵌。

媚特並以「凱蒂貓」為形容，介紹很多人省事，一次剪太多，後來兩側嵌甲，兩側尖尖的像貓耳朵，所以稱凱蒂貓指甲。因為一般人剪的時候怕嵌甲、怕痛，就越剪越將兩側剪成四十五度切角。外觀看好像可以避免長進肉裡，實際上指甲被這樣一剪，兩側還有一部分不容易被剪到，或者變形生長，最後看不到、剪不到的部分伸進肉裡更痛！而且可能引起感染發炎。

如果是老人獨居在家，或者失智不能表達，或眼睛不好，或不穿鞋四處走而地面不淨，無法及時照顧，都有可能惡化成各種疾病而威脅生命。

另外，因為許多老人長年不剪指甲而變長，加上老化組織改變。可能腳指甲之下連著肉往前長，或者腳指甲之下與指甲分開，有突出肉芽。這兩種情形可能協助剪的人不留神或者以為是硬皮，一剪才發現是肉，可能流血感染。所以，若是肉連指甲，要慢慢剪一點點，讓它長出來乾化再處理。若肉芽不連指甲，可以保留一些指甲將之修薄保護住，待乾化脫落。

如果指甲已經因為長期不剪變長、變厚，不要直接剪，因為這樣很可能使指甲斷裂引起感染。也不要因為想省事，對一些已經翹起一點點的指甲用撕的。因為這樣不但可能撕掉過多受傷，也使指甲開放更多空隙容易引起感染。足部天天接觸地上，是口腔與肛門之外，可能接觸細菌最多的地方之一。

如果用磨甲機，要注意要同一方向使用一次再回剛才接觸點繼續下一次，不要來回使用，以免感染或者速度太快磨傷。要是修整腳硬皮，更要注意工具。有的地方可用小刀，如果用磨甲機要非常注意溫度，因為速度快或頻率高增加溫度，會加速細胞反應而導致硬皮增生。這樣本來要磨掉，反而繼續長厚皮。若可能，盡量用小刀或用手工慢慢的磨。一般人在家可用廉價菜瓜布於洗澡後處理硬皮，不建議用磨指甲銼刀來磨硬皮，這又是求快便宜行事的態度，後果和磨甲機的高溫相似。

硬皮不處理將可能龜裂，就有流血潰瘍感染風險，尤其糖尿病者更是不得了。造成因素可能鞋不合腳，要做鞋墊；也可能因夾腳拖鞋，要避免穿，因為每走一步就不正常擠壓腳掌一次。還有老人足部變形走路重壓部位與方向改變，這要特別注意。如果無法確認原因，則老是修硬皮不能改善問題，還要花很多成本。

關於嵌甲，丹麥多年前已經成熟發展鋼絲矯正。這種方式無侵入皮膚，用金屬張力，免於手術，但要看指甲條件。除鋼絲，近年又有樹脂陶瓷等材料，避免如鋼絲要靠指甲兩側來固定，可以直接貼於指甲中央，這樣更加避免因鋼絲製作技術造成意外傷害。這種方式逐漸在歐洲風行，在臺灣也有少數的醫師和少部分護理師使用，費用比物價是臺灣五倍的丹麥還要貴，而且要做很多次。可見我們的確有待技術和器材普及。

丹麥的足部照顧，設有學校，有循序漸進學習，要讀一年八個月。從足部各種知識，到一般人、糖尿病、癌症、臥床、吸毒、酒藥癮等各種足部測試照顧，製作個別化鞋墊都有。還有機構服務、據點服務、日間照顧與居家服務，也被列為糖尿病患者聯合衛教一環。

丹麥除糖尿病者有醫療給付，其他老人足部照顧在該國各行政區域有些微補助，這是街坊非常普及的預防醫療資源。即使已經做到如此，年年還要辦足療日，於全國各藥房、圖書館和人潮多的地點同步進行衛教宣導，可見積極和真心推廣預防。

土耳其比臺灣更晚接觸丹麥足療，但已經立法設足療師，建置技職學系於大學健康學院，設診療於教學醫院新陳代謝科隔壁，搭配糖尿病衛教，又引進多國自動檢測足部壓力設備，可直接列印鞋墊參數製作（但丹麥還是教手工測試，因為認為這是基本功，而且萬一鞋墊不合，容易修改）。後來隨畢業同學增加而服務擴展到各省，形成如丹麥的街頭個人工作室型態經營。多位醫師自豪的對筆者說，二十多年前醫師們期待的預防夢想終於實現。可以想見未來該國國民有更多生產力、更少截肢率。

國內目前無任何學府開設足部照顧科系。許多護理師越瞭解丹麥足部照顧，就越清楚我們過去所受訓練的內容和方式相對薄弱。即使傷口護理發展有成，但足部照顧仍非常有待強化。而且目前國內要看腳的問題和製作鞋墊，還分屬多個科別與部門，對老人很辛苦，有時緩不濟急。後來乾脆放棄者也不少，這對生活品質影響何其大！

二〇一九年，我國政府重視足部照顧，逐步列為居家基本生活照顧給付。但是從修剪指甲到更完整預防照顧，國內還需要很多知識、技術，才能學會更精準的判斷和操作安全。這層次和服務品質、對預防的貢獻，以及對民眾接受服務的保障，早已超過目前美甲順便處理和足部養生私下處理的範圍。政府從二〇一九年在護理創新服務發展計畫，已經將足部照顧列為項目之一。距離居家護理師敢動各種器械，以及合法使用這些方法，並且合理發展收費給付機制，都還有待努力。但無疑的，當這些都到位之時，臺灣才有更多人免於截肢，能更落實活躍老化。

▼ 足部照顧治療所在北歐許多老人活動據點都有。這是挪威老人活動據點很普及的服務，讓許多老人行動自如。

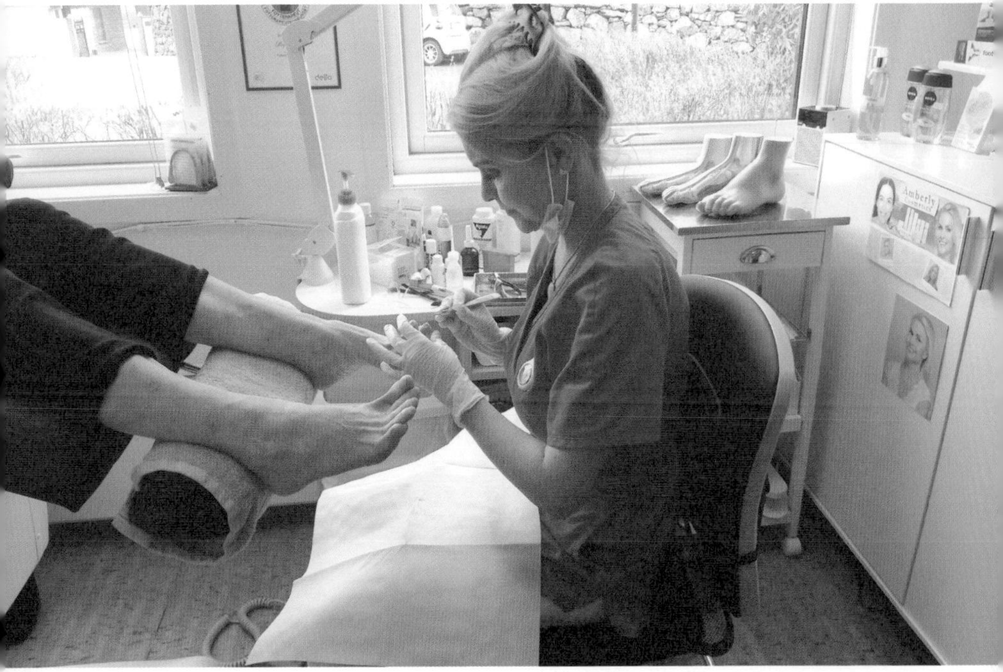

# 3.13 奧地利青銀社會住宅

在臺灣，老人增加，許多屋主不願租房給老人。老人失能，如所得有限，請居家服務是負擔，也造成財務不安全感。老夫老妻有一人失能，另一人就是主要照顧者形同被困於家中，以七旬、八旬，甚至九旬身心俱弱之軀來承擔壓力造成悲劇時有所聞。去住機構，機構因每房人數和照顧方式居住品質堪慮，而且政府越來越無力興建公辦護理之家。這是越來越嚴重的社會問題。該怎麼辦？

在奧地利薩爾茲堡，也就是音樂家莫札特的故鄉，由教會組織提案，政府支持，開始興辦新的支持照顧住宅。從個人財務和必須六十五歲以上，設定申請入住門檻。社區規劃方式是老人社會住宅為中心，外圍有年輕家庭可以申請的租用住宅。

這樣老人能互相照應有社交，又同時仍感到屬於社會，與不同世代互動。社會住宅並有公共空間，以便需要開會或活動可使用。整區從二樓到四、五樓不等。

相似改善老年居住問題的努力在各國進行中。例如愛爾蘭開放大學生與老人共住，減少房租。荷蘭安養機構開放若干房間讓大學生住，他們負擔一定小時數非醫療照顧服務。在德國、奧國，也有老人考慮開放自己的大房舍，提供若干房間讓大學生來共住。

奧地利目前做法是另一種方式，老人搬來仍自己住一戶，愛爾蘭與荷蘭期待年輕人具體出手支援，自己降低經濟負荷的機能改由社會住宅老人每月繳交五十五歐元，供應給社區進駐社工的薪水，由社工來支持老人的生活所需。

▼ 奧國社會住宅老人活動很重視氛圍。

社工服務範疇包含二十四小時老人生病或其他生活需要的資源連結調度，增加老人平時互動的活動開發，以及觀察老人的潛力，讓老人可以對其他年輕家庭有貢獻。例如幫忙家教。另外，社工開發引進志工，幫助老人學習資訊科技和其他生活學習。

一位老人說，志工來教他如何使用平板規劃外出，這讓他知道同一件事，現在網路有很多種解決辦法。如果社工沒幫忙媒合，他得走較遠的路去物色手機店，看誰有耐心、時間願意教他。而且冬天地上結冰讓他害怕，可能就不出去，這樣更退縮。

另一位老人說，先生早已重度失能，先前住自己家，她難以喘息，壓力大到無法透氣。那種萬一怎樣不知道該怎麼辦的陰影很難受。但來這裡，社工隨時幫助想辦法，至少她瞭解自己不需要獨自承擔，她感到輕鬆許多。

還有老人說，來這裡找到更多朋友。因為有的居住地方因人口外移，變得冷清，住起來感覺蕭條。自己退休也失去很多社會連結，但來到這裡，有很合理的機會增加同世代朋友的接觸，而且距離近。

聖誕節前，社工規劃裝飾聖誕樹活動，許多老人甚至借爬梯來裝飾。這種西方國家尤其奧地利非常重視的節期，要是大家住在原來自己的老家，不會像在新的社會住宅這麼容易有就近融洽機會，接觸這麼多人一起來做這活動。也有早年聖誕節活動的討論會，讓老人一起聊天。

同一活動中心空間，另提供小朋友芭蕾舞班，還有老人讀故事書給社區小朋友聽的活動。這樣，老人自然的看到小朋友，也用還有的能力與豐富生活經驗幫助小朋友。無形中降低年輕忙碌的家長的負荷。不同區的社工累積多本活動照

▼ 奧國社會住宅很重視提供老人社交機會。

相簿，不但思考如何調整世代活動，讓照顧住宅不只是一群失能老人的住處，而是共榮共存的新機會。

隨著少子和許多子女遠赴他國甚至他洲工作，更多老人陷於孤獨無助。這種支持型住宅讓人有安全感，延後使用居家服務和去住護理之家的時間。而且即使有居家服務，這種按契約和付錢的生活支持方式，只要在居服人員離開的時候，老人就等於陷入獨自面對所有風險和生活孤單。新的支持住宅改善這種處境。

在支持型照顧住宅的辦公室，好幾位老人來申請，但是因為表格不熟，有好幾位工作人員在幫助他們。這套新居住制度實施和房舍建置後，申請者眾，已經有許多人在排隊。因為提供的服務切合需要。

它提供人多樣生活接觸，幫助人互相成長學習，不擔心太倚賴學生而來源不穩定。也保有隱私和起碼居住品質，也保有生活自主性。這幾個元素正構築基本生活尊嚴。讓老年居住有更多選擇，老年生活能更安心。

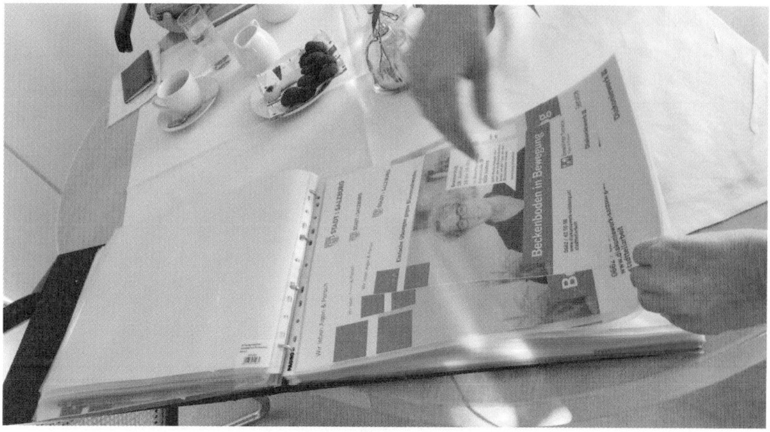


▲ 奧國社會住宅將各種服務收集，鼓勵更多後來搬來的人，看到社區計畫性盤點資源，彼此可以這樣互助。

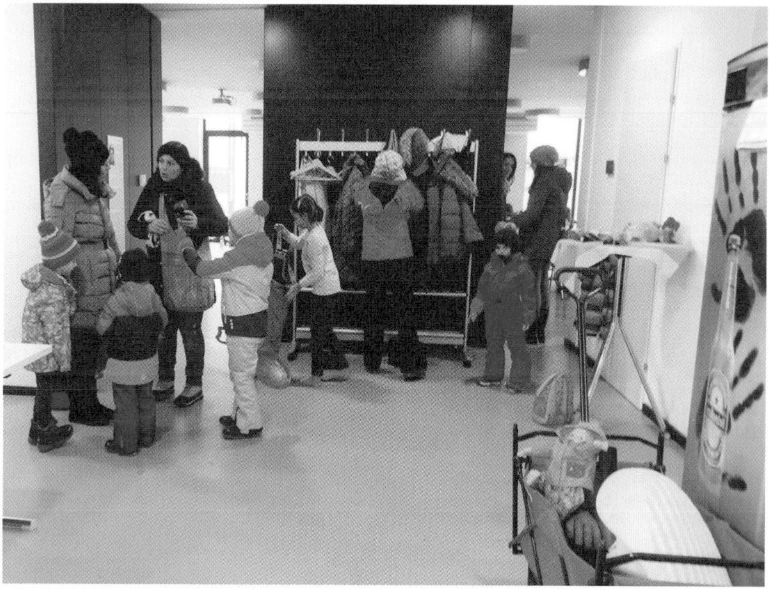

▲ 把小朋友活動空間放在老人活動空間旁，自然讓老人看到小朋友。

## 3.14 芬蘭在地老化支持型照顧住宅

安居是人的基本需求。到老如何安居，要考慮的層面和一般年輕人不同。在人口外移的偏鄉，政府的社會福利不容易完全及於老人，怎樣取得老人權益、有意願接受和服務輸送可及的平衡，讓長輩住得安心，滿足當下的期待，是高齡化的社會課題。在芬蘭東部，有一種五、六人一棟的支持型照顧住宅，在良好的照顧支持下得到不錯生活品質。

這類公寓在鄉間道路支線旁，四周許多森林。一人住一間，以個人資產、年金和公共稅收共同支付。有錢的人繳得多，窮困一點的繳得少。房屋大致成放射狀，中間是客廳與廚房，環繞四周則是住民房間，住民以最短的距離抵達公共空間，又保有個人隱私。除了出門的門檻，屋內全部都是無障礙齊一高度的平面，使人可以自由安全行動，即使眼力不好也不擔心。客廳有地毯等典型芬蘭家庭的視覺結構，沒有吵鬧的電視或其他音源。

個人房間是臥房，但仍有空間擺搖椅，每個房間都有大窗子可以看到外面的風景，冬天是雪景，夏天可以聽到很多種鳥叫。對年老的人來說，看到自然四季變化，住在大自然中，是生命晚期非常好的氛圍。可以省思、可以享受。雖空間不很大，隔音良好，聽音樂不會吵到別人。

芬蘭的教育普及率非常高，即使老人也幾乎全都識字，他們喜好閱讀，可以安安靜靜在房間

▼ 居家護理師來探視住民。住民仍有獨立空間而不是幾人一間。

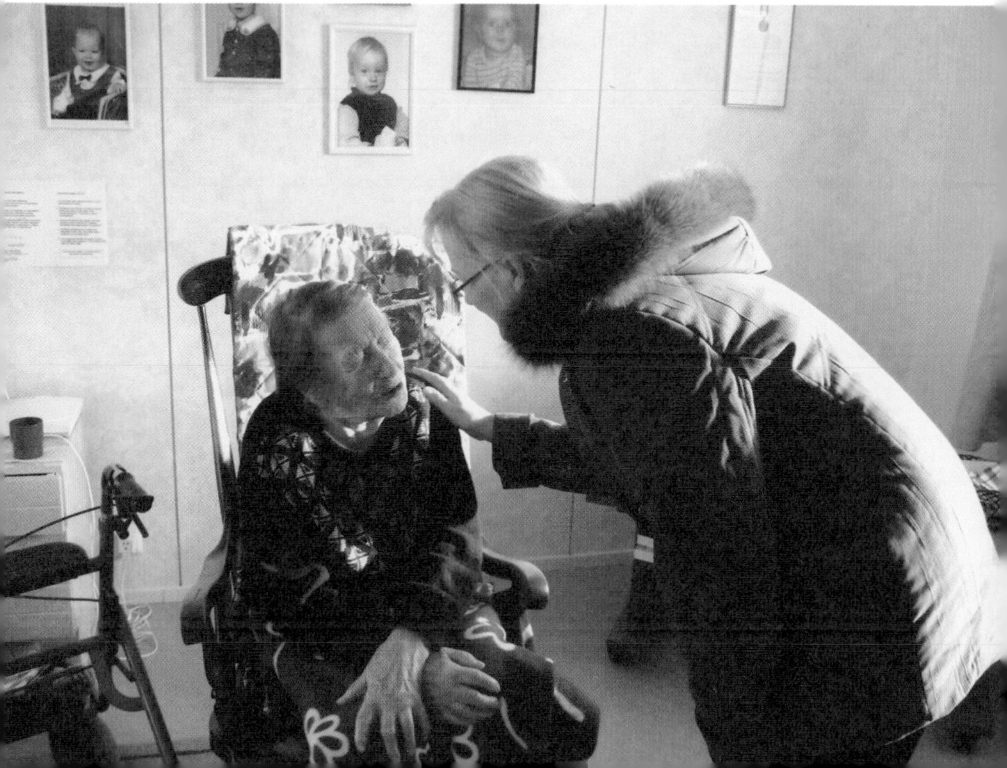

享受時光。人到一定年紀，對環境噪音和變化的調適較慢。尤其輕度失智，更不喜歡噪音，因為這樣容易不明白聲音來源而焦慮躁動。由於室內有空調，也就不全是自然通風空氣。真要出門散步呼吸新鮮空氣，開門就可以。不害怕交通流量危險，房屋容易辨識，也就不易迷路。這樣，更敢出門。所以，從老人的觀點來確立何謂適當的環境很重要。

住民的三餐和失能生活照顧，如定時用藥、換尿布、洗衣、代為購物和外出陪伴等，主要由輪班的居家服務人員執行。這樣，住民和住機構不同，比機構像私人住處。至於所需的服務，定時有人協助，每兩小時就有人來，感覺到安心。若在兩小時中間有什麼需要聯繫的，一方面每位住民有警鈴，而且五、六位住民還可以互助。這樣，老人有互動，不會非常快失能。

這些住民年輕時大都住在這類環境的鄉村，因為政府不斷整合醫療資源，要住在原來的住處越來越辛苦。而且芬蘭的文化，住在公寓，通常很尊重個人，所以不會常常串門子，這造成老年，尤其獨居的人更孤單。迷你公寓改善老人的處境，保有老人原來的環境，和搬到大型機構的感受很不一樣。住在這種地方，保有原來生活環境氛圍，對老人比較熟悉，不像機構更陌生。雖然，這讓以前的親友可能要拜訪得跑來這裡，總還是比移動到更遠的都市安養機構要好一點。

至於提供服務的單位，能夠一次抵達一個迷你公寓，服務到五、六位老人。甚至可以觀察評估老人狀況，分配時間給不同需要的人，使得人力運

▼ 輪班居家服務人員來照顧老人，使密集度增加，降低老人孤單。一旦有危險能盡快發現。

用更彈性。雖然這種公寓原始目的不是遷就服務者，但是如何讓服務有效幫助到住民必須考量。一次服務多人，對備品補充物流也會更方便，何樂不為？

綜合來看，有幾個變數是這類公寓事前就考量到的：環境氛圍、文化背景、服務素質、社會互動、安全設施、隱私自主。安居可以刺激生活樂趣和保有生活意義，這無形中也降低醫療支出。

過去許多人想推動所謂支持型照顧住宅，讓各種服務一起，看來熱鬧又有社會互動。實際上在美國休閒學者格比（Geoffrey Godbey）和芬蘭都有研究，不管多少人一起，因為體能和找尋意義，老人通常只和他最想互動的兩、三人互動，並不一定會和很多人互動。這是西方文化？或是老人通性？和芬蘭相比，該國偏鄉之間距離可能達數十公里到百公里，比我們的偏鄉更遠，而且氣溫可能零下三十度以下。所以散居、獨居的確風險高而且服務不易。我們地理距離相對好很多，但因少子加上鄉村人口外移，也有些地方未來遭遇相似的居住難題。站在節約資源、服務效能和新一代老人特性與居住意願的考量，或許除了四處蓋更多安養機構又抱怨無個人自由，或許以上模式可參考。

## 3.15 少逃跑遊走且快樂的奧地利失智照顧住宅

在奧地利首都維也納的巷子裡有個天主教社會明愛會（CS Caritas Socialis GmbH）轄下的失智集合公寓（Wohngemeinschaft Liesing）。它是一棟大樓的一樓，也就是所有住民都在地面一樓，裡面有十五位中重度失智住民，工作人員和住民照護比與臺灣相似。

每人一間寢室，有電視，有喜歡的擺設，但可以與外界隔絕，保持安靜。住民自己決定如何佈置房間，也歡迎帶來個人物品裝飾公共空間。較大公共空間有餐廳和客廳兩個隔開的區域，提供家屬來訪或不同活動，甚至需要安撫都有夠多選擇，而不至於造成其他人干擾混亂。

這棟失智公寓的入住條件包含醫療診斷、個人條件通過維也納社福基金審核補助、失能失智等級達到入住的第三級以上，加上奧國於二〇一八年通過《成人保護法》，更重視失能、失智者的自主權、自決權。許多照顧規劃和互動都調整。

照顧失智有很多挑戰，尤其失智者離開熟悉的家來住機構，所以常常從照顧者角度看，住民想往外「亂跑」或不時遊走。實際上從住民觀點，他們因認知受損，可能忽然活在某個時間點而找某些東西和人，可能一下子分不清所處地方是哪裡，或者到處想找到家。

可是這個地方的民眾並不常這樣慌張，而且這裡的住民房間窗戶並沒有加裝很多防護來防止「逃跑」或走失。他們如果想開窗子可以隨時打開，外面就是巷道。為什麼照顧者不太擔心呢？機構主任馬理翁（Marion Landa-Meidlinger）說，先從總體來看，新照顧想法是走向「完全包容」而非收容。

這公寓所屬的照顧組織「社會明愛會」營造工作文化，強調照顧者要有一種態度，「在此不是只有工作和照顧，還有產生一種社會互動關係。所以很重視不只做事，而是怎麼做」。重視員工經驗與能力，主管授權第一線員工可以自己設計照顧計畫和每天要先做什麼和怎麼安排。

在這種情況下，員工人數雖不多，彈性更大，不會因僵化而非常忙碌、疲勞，而且員工時時感到自己很重要，會好好去做。要想到創造照顧者與被照顧者有很好的互動，

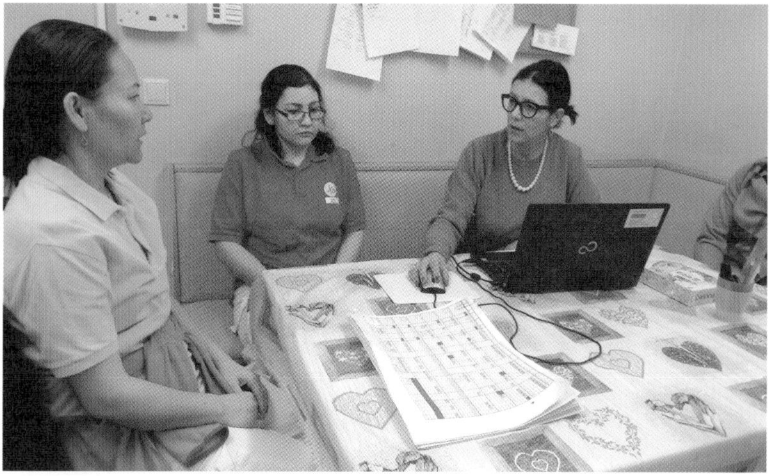

▲ 照顧者每日有效開會擬定人性個別化照顧方式，對失智者安全滿意居住很重要。

▲ 奧地利 Caritas Socialis 失智機構主管 Marion Landa-Meidlinger 管理設計機構，她後方是住民房間窗戶，完全可以自行跳出去。但她很自豪，因為內部活動豐富和照顧者友善互動氛圍，從未有失智住民從窗戶逃出。

這些互動用到照顧者的專業經驗和生活經驗，而不是只專注到被照顧者。因為同時重視雙方，可創造更有品質和人味的關係，追求讓失智者得到支持後不覺得自己有特別的疾病，就像一般人生活一樣。

住民繼續感覺像住在家裡，所以周圍來來去去的人要讓他們覺得安全。住民可以參與環境清掃，因為你在家你可以這樣，也會這樣。你都沒機會做這些，都是別人做，就不像在家。還有一起烹飪和活動。這在心理上覺得穩定。

如果住民要到外面，要有支持資源，像是去超市買東西、喝咖啡，感覺到自

▼ 照顧住宅護理長運用照顧模式幫助退休麵包師在早餐時得到調配原料的活動。

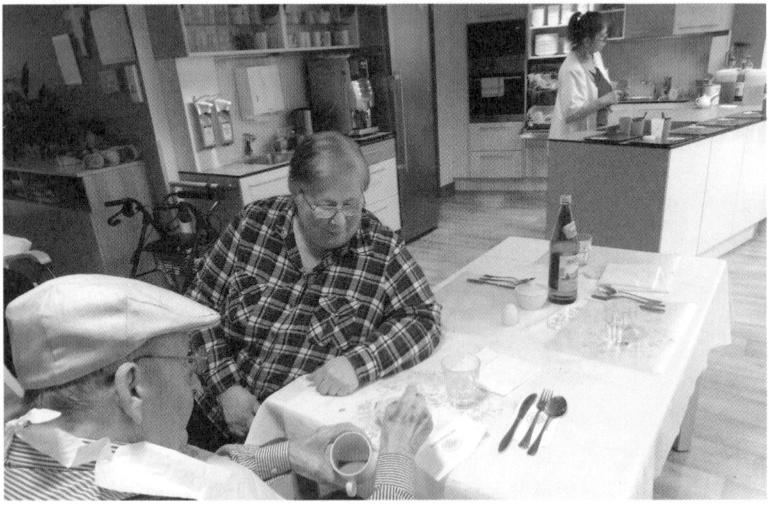

己仍然屬於這個社會，而不是因為失智被排除疏離。有住民說，「在室內，我的確需要二十四小時照顧支持，可是還感覺到自己可以做些事」。

有了基本工作文化，就可能慢慢發展更多人性的做法。作息沒有課表，不必為了配合照顧管理而生活，連用餐也不需要配合團體時間。不過，團體用餐，長輩比較喜歡吃，所以實際上真的老是用餐時間不定的不多，而且備餐選菜和烹飪方式設計到能夠隨時加熱，隨時供應。

有住民喜歡睡得久一點，十點才要起床。照顧者通常八點要給藥，所以照顧者先給別人藥，走過這位女士房間時，會特別注意安靜，因為這位要睡久一點。頂多告訴這位長者，藥來了，可以十點再吃。「能睡久一點也是一種自主」。而不是說照顧者很忙，要配合照顧者，強迫就更容易有衝突。「照顧者製造被照顧者壓力，無形中就製造自己壓力」。尤其照顧者要理解，失智者可能沒有時間觀念，照顧時去強調時間來要被照顧者配合，被照顧者可能沒什麼感覺，甚至可能只感覺到被侵犯隱私區域。

後來大家想到，越多看得見的限制越容易讓住民感到不安而可能躁動或想跑出去。

因為失智者有時是以當下看到的和互動感受到的來取得安全感或不安全感，所以盡量在視覺設計讓人安心，於互動要溫和微笑，這樣營造好氛圍。怕有意外的預防方式是用感測手環與空間感測器。

其次，室內要有足夠吸引他們和創造快樂的因子。照顧住宅主任說，這是個觀念，本於這觀念可以發想和設計很多做法，包含裝潢、燈光、聲音、色彩、動線、飲食、溝通與活動。「你得到充分的自由，怎會老是想逃走呢」？例如這裡的照服員和護理師會一起陪住民玩，護理師不會覺得不是他的事情。這樣遊戲不行換那樣，那樣遊戲昨天行今天不行再換一樣，多和住民討論想做什麼。當然，需要

▲ 奧地利 Caritas Socialis 失智機構一位住民房間，櫃子裡滿是手錶。奧國生活重視收集與收藏嗜好。照顧者理解個別住民特定與歷史而設計安排，降低住民躁動不安，擁有肯定生命又有歸屬感的環境，也是新進照顧者建立與住民關係的安全話題。建立關係是後續基本生活照顧順利的關鍵！

用簡易緩和的言語，而不是「催他表態」。

這樣，住民可以拿剪刀、可以做勞作，照顧者不需要因擔心而剝奪各種活動工具操作。有時不需要找他玩什麼，而是讓他覺得在一旁有安全感，一旁有替代役男協助備餐。每週另有外面志工和治療師會來帶領寵物活動和藝術活動。

這裡照顧失智，需要例行身體健康評估，但越多醫院檢查方式的互動，也越可能造成不理解的住民的混亂和反彈。因為好像被攻擊或者被控制，卻不知道為什麼。護理師說，從玩的過程往往就完成今天例行的身體評估，住民不會聚焦到檢查。這有助降低人手不足的壓力，正是護理師被授權後自己發展的執行工作方式。

實際上這自然方式進行的檢查包括身體疼痛部位和程度，以及皮膚狀況。活動告一段落，護理師再回到辦公室，記錄資料，這都是下回醫師看診評估和調整給藥的參考。而且這種在玩的過程中完成評估的方式，使得被照顧者有更多機會有人聽他講話、有人互動。護理師也有機會比制式評估得到更多長者生活感受的資料。

玩的時候準備很多不同的手工，沒有對錯所以沒有挫折。問護理師去哪裡學習或受怎樣的訓練，何以知道怎麼帶領活動？護理師說，這些都是照顧的一部分。

失智照顧不容易，但仍有非常多改善生活品質的空間。

這個照顧住宅成立於二〇〇八年，迄今穩定運作，住民原來住在附近，而不是遠從他鄉搬到一個需要完全重新適應的地方。能夠實現成立時的理念，可見理念不是打高空、理想化。總結來說，越適合失智的環境可以越延緩失智惡化，帶來較好的生活品質。一切作為還是取決於一個組織和其中的專業人員怎麼理解和認定「照顧」是什麼？

▼ 護理師和照服員一早陪老人遊戲就完成例行健康檢測。不需要一排老人等檢測，浪費時間又無聊。

# 3.16 時間銀行有奧客

臺灣好幾個地方政府在研議或推動時間銀行，由於社會以前不熟悉這種制度，加上在不同地區有不同的互動生態，直到如今還難有較為完備之道。衛福部內部也在研議社區會員制，希望找出更可行的模式。

其實，時間銀行從兩百年前就有，到如今，比較持續運作的案例，大都需要較成熟的公民素養，和有某種互信的社會氛圍。不過，一樣米養百樣人，制度要能運作總得要有能力處理各種障礙，並把握原始宗旨繼續推進，才能永續經營。

在瑞士和臺灣出現一些超過經營者想像的客戶，似乎有一些些「奧客」色彩，考驗主事者。在臺灣，有些民眾投入服務，多年後卻向主辦單位要求，用當年累積小時數，換居家服務或居家護理。原因是覺得自己老了，當下的迫切需要不是以前付出的那些陪伴、烹飪、購物等。這讓主辦單位很頭痛，後來是以一百小時折算一小時化解。一個原始推廣互助溫馨的制度，變成處理料想不到的善後。

在瑞士，則有說好是陪伴協助購物的，結果被幫助者去超市一下子買一大堆食物，甚至要請幫助者開車載，讓同是老人的幫助者很為難又不好意思直接拒絕。後來還好，因為機制有說明，幫助者遇見困難可以向地區媒合主管反應。結果媒合主管勸說，不料被幫助者說自己本來就吃很多，所以要買很多。媒合者解釋，幫助者以雙手能提貨為上限，要是貨多，請自己花錢找宅配。

▼ 奧國美術館的失智老人賞畫。需要大量志工與照顧者陪伴。時間銀行的服務也可涵蓋。

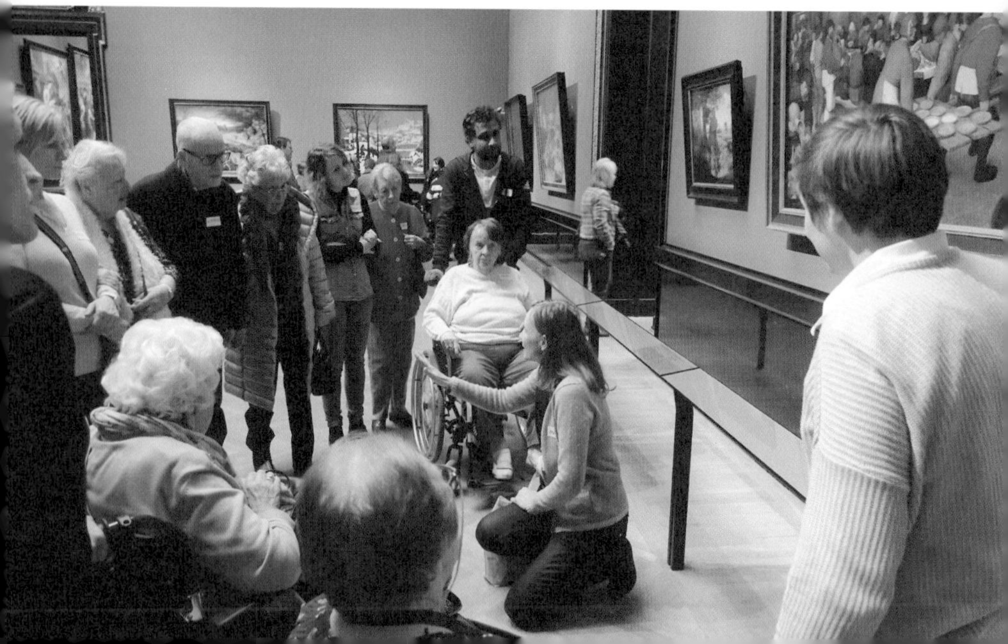

還有一個瑞士例子如下，有一天媒合主管接到來電，希望提供能做一種家常蛋糕的服務。他說是因為這種蛋糕市面上買不到。媒合人員以開放態度去向會員詢問，找到願意做蛋糕的。終於找到有人說會做願意幫助。可是高高興興做好了送到請求者家，請求者卻說，成分與期待不同。這幫助者算有耐心，又拿著被幫助者提供的特定原料清單，再做一個。終於，這回達到目的，算是圓滿結束。媒合主管也開了眼界，沒想到請求協助的有這麼多樣。但努力做到，也是樂事。要是公家機關經營時間銀行，大概沒有這種法定項目外的彈性和由之而來的人性。

當時間銀行逐漸被寄望成為緩解專業長照人力不足的壓力，又能提供醫療照顧之外，支持民眾保有生活品質與安全感的新資源，如何設計一個在地願意參與，又能善用的制度，並在民眾一開始參與時，就清楚明白其設計精神，顯得非常重要。要保護求助者的安全，以免被傷害或詐騙，或遇見不喜歡的幫助者固然重要。另一方面，如何保護幫助者也要考量。

瑞士伯恩大學已有碩班論文研究分析時間銀行投入者，統計顯示，許多願意投入的幫助者原本就是熱心助人者，很希望為別人做些事。但有的害怕衝突不好意思當面拒絕別人。他們滿腔熱血投入新的服務機制，怎樣減少碰一鼻子灰，或不知道該怎麼辨而困擾，越來越是媒合單位研究的重點。換言之，希望互助是雙方樂意，萬一出現類似奧客者，也能以健全的機制和「救濟管道」處理，更多人因參與而得到尊嚴與意義。這樣，時間銀行才能創造更多溫馨有創意的好故事，透過分享，吸引更多人來參加。

## 3.17 機構豈應仿照病房分區

一位外國長照機構主管最近來臺講習，順便參觀臺灣長照機構。對營運分區搬動住民的操作方式感到好奇。

將營運區分成輕度失能、重度失能、失智，幾乎臺灣一般機構視為常態。但這對住民好嗎？

其實一般照顧急性醫療的醫院病房分類有其原因，並不全因健保給付，還有感染控制、同類患者的照顧器材等許多原因。

然而安養機構的居住目的、照顧目的不同。這兒不是急性醫院病房，是長住場所，是否引用一般醫院思維來布局居住安排有討論空間。多人一間造成的聲音環境干擾已不是新聞，長期住這樣的環境是長期照顧還是長期折磨？

更重要的還有歸屬感和隨之而來的自主性與安全感。來參訪的外國老師

▼ 沿用急性醫療病房的理念設置永久居住的機構很有討論空間，往往也是照顧問題的來源。

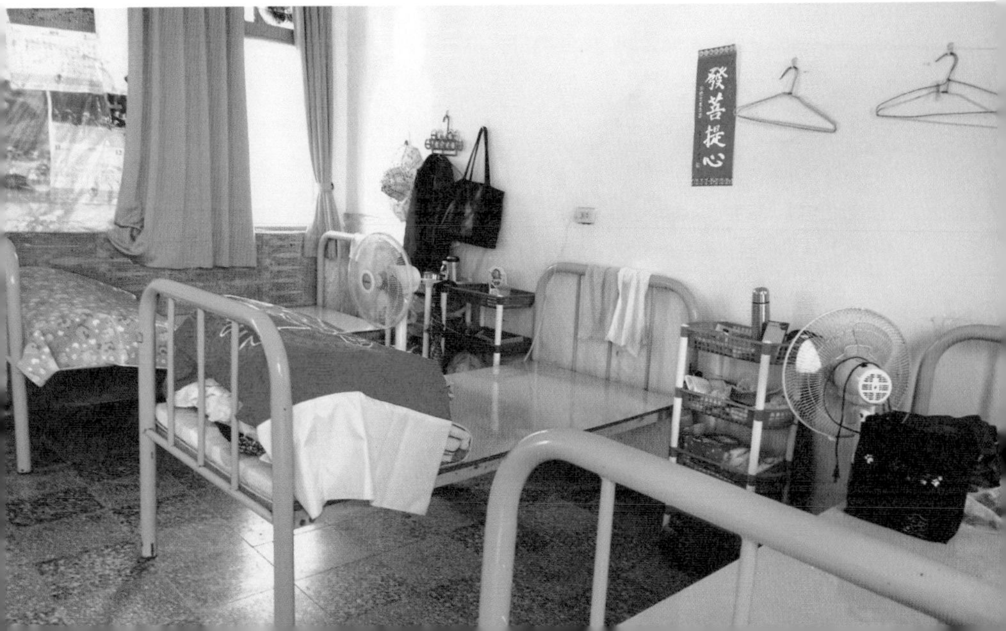

問，若安養機構真要追求像家，或管理者並不是故意要製造住民生活困擾，則可想想，因為失能程度改變就要住民四處移動（其實是被移動）到不同住房，到底為什麼？住民有何感受？

例如，全部一樣重度失能在一間，住民每天經驗到的生活景觀，或可說看到的世界，就是眼前的一群非常無生氣困苦的人和聲音。如果繼續住原始進來就住的地方，可能還有機會經驗多樣的互動。

當政府越來越重視延緩失能時，讓許多人天天只要起床就是「末日景觀」，加上無獨處或少數人相處的空間。常常是一大群人插鼻胃管，斜低著頭坐在輪椅上哀嘆聲不斷。或者怕一直近距離一群住民長期一起，就把住民都全部戴口罩，這樣的居住生活安排，能延緩失能嗎？

「住民從原來的家住進機構，這裡就是他的家。既然是他的家，還要或者還會一直搬家嗎？到底是住民配合管理，還是照顧配合住民呢」？外國老師問。因為他所經營的機構是不會要住民搬來搬去的。

陪同的本地機構人員也被問的難以回答。然後說，其實是為了管理方便。再想想也同意，該機構的確已經發生好幾次因為硬要把老人搬到不同照顧區域而引起衝突。這對照顧互動關係當然是減分。

比起一群人住一起，或者每隔一段時間要移往另一個像病房一樣的陌生地方，對生活品質影響可觀。因為，體弱時要不斷適應不同

▼ 荷蘭社區失智者照顧住宅，一人一間。

環境更辛苦。

其實所有照顧機構都要考慮成本，可能與原始房舍設計理念和營運者的經營理念有關。希望省錢，不表示一定只有集中管理和現有的分類移轉住房的營運方式。

從住民角度看，不一定都需要很大臥室空間。但是能保有一個隱私空間，佈置自己希望的景觀，可以在自己的空間，也可以到公共空間。這就有了選擇與彈性。

在芬蘭的鄉村，有小型老人公寓是如此。在日本，也有許多機構轉向這種方式。這種方式已經更接近支持型照顧住宅的風格。這是晚年居住兼顧居住者和照顧者的一種居住設計，住民得到安全感，照顧者自然負荷減輕。畢竟機構不是監獄也不是集中營。

許多人來到機構度過人生最後幾年，誰不願意在有安全感自主性的處境，只有臨終才能自決是不夠的吧！

# 3.18 低價務實長照創新——以色列墊木

幾年前，陪同高雄地區長照督導到美濃，訪視失能老人。發現老人家因背痛手術穿鐵衣，床很低很低，起床和上床很辛苦。所謂上床其實是「下床」，因為太低，床只有三十公分高。以他年齡和體態，勢必要考慮加高，幫助去睡覺和起身較方便。而且以往有些老人半夜起床摔倒，所以床高更重要。

儘管政府當時已有修繕補助，老人付些錢，政府補助，就可換新床。可是老太太不願意。她有三個孩子，經濟情況不錯，孩子也有責任感，在外工作生活，仍願意用電話和在母親家的我們討論換床。可是老太太不願意。

長者說，因為要花錢。站在她的角度，花一毛都很多，而且念舊。但床不改有安全顧慮，長者覺得以前都沒問題，湊合用吧！可見不論政府為選票也好，真關心老人家也好，供應資源，老人還不一定接受呢！

▼ 大床要換新很貴，但發明床腳墊木可以達到提高的目的卻不花很多錢。

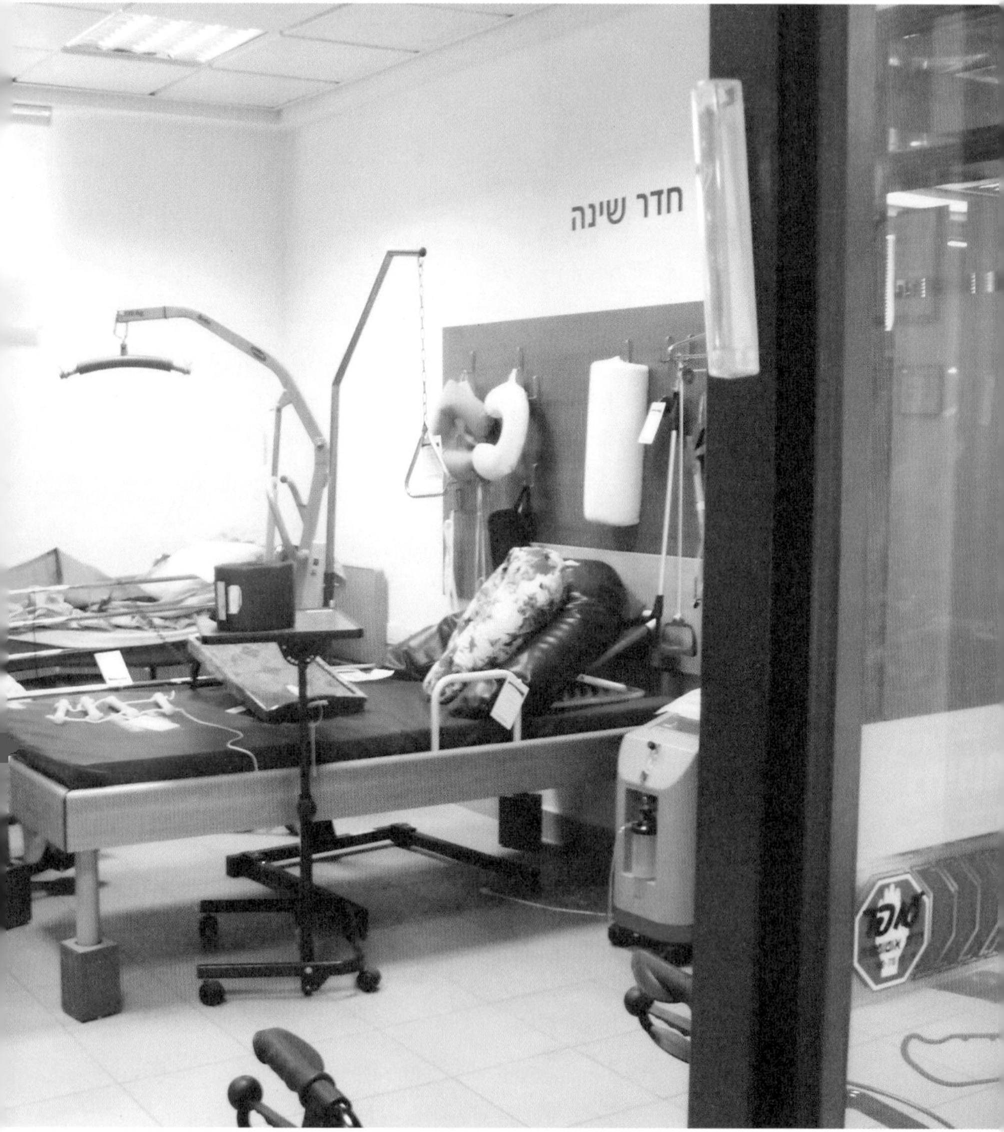

幾個月後筆者到以色列「撒拉之手」輔具中心，一眼就看到展示間有一種木頭方塊，裡面挖空，專門用來墊高床腳的墊木。他們發展各式床腳墊木，供失能中風和身心障家屬選購租借。倉庫一堆這種設施。各地分站也都普遍看到這種設施。

以後再去該國，不斷看到各種小型輔具創新，也都帶有務實、平價特色。尤其比起北歐，更平價改善相似問題。相似例子還有3D列印身心障個別化茶杯握套、殘障孩童用的樂器，以及靠汽車拆下的窗戶馬達製作而成的漸凍人專用溝通移動木板等，很多很多。

觀察他們生活與思維方式，從小鼓勵突破現狀，習於用現有元素在某種理念下設法組合，幾個人都有興趣，就合作試試看能否解決問題。許多發明都有這種故事。

「撒拉之手」這類例子很多，如輪椅清洗，凡借出輪椅回收後要清潔，利用加油站電動汽車洗車道觀念，設計輪椅洗車道。讓輪椅在一個垂直方框塑膠布遮蓋空間，用溫水和清潔劑消毒。工作人員解釋，溫度、清潔劑種類、噴灑方式、消毒時間如何如何，所以能消毒。有一部分水還循環利用，因為珍惜水資源。

臺灣年年許多機關團體出國，有些開始去以色列。筆者不清楚別人學了什麼，但感覺到以上那種思考不受限，經常找幾個人動動腦，從某種原則和目標入手找平價務實解方的生活習慣，值得參考。

舉例，臺灣日間照顧中心明白園藝活動價值，設花台或菜圃。想到有老人家用輪椅，需要架高，有的就不做了，有的用很多磚頭水泥砌高。但如此則高度固定，總有人不一定合適。如用以色列思維，會想到家具店有賣可輕易大幅升降的平價書桌。或許把升降桌拿來放迷你菜圃，不論是輪椅還是助行器等各種高度操作，更有個別化機會。

平價、務實和便宜行事是兩件事，前者是有原理依據要解決問題。臺灣很重視長照創新，許多創新是很大花費的精密計畫，還不一定有成；一些非常簡易改善問題的努力往往乏人問津。但實際生活，失智、失能往往有許多困境是在非常貼近生活的小事情。

如能學習思考不受框架，能與人合作，勇於實作試試看，不斷磨練用某些原理，設定普及平價實用原則，來鍛鍊改善問題。或許我們讓老得很快、老人比例高的臺灣降低意外機率，節約資源，得到更好的生活品質。